REI ÉDIPO
ANTÍGONA

REI ÉDIPO
ANTÍGONA
TRAGÉDIAS GREGAS

SÓFOCLES

PREFÁCIO, TRADUÇÃO E NOTAS
J.B. Mello e Souza

EDITORA
NOVA
FRONTEIRA

Direitos de edição da obra em língua portuguesa no Brasil adquiridos pela Editora Nova Fronteira Participações S.A. Todos os direitos reservados. Nenhuma parte desta obra pode ser apropriada e estocada em sistema de banco de dados ou processo similar, em qualquer forma ou meio, seja eletrônico, de fotocópia, gravação etc., sem a permissão do detentor do copirraite.

O texto desta tradução foi cedido por gentileza da W.M. Jackson Inc., obra publicada sob o título *Teatro Grego* na famosa coleção "Clássicos Jackson".

Editora Nova Fronteira Participações S.A.
Rua Candelária, 60 – 7º andar – Centro – 20091-020
Rio de Janeiro – RJ – Brasil
Tel.: (21) 3882-8200

Imagem de capa: *Gabriel Wickenberg, Oedipus och Antigone. Wikimedia Commons*

Dados Internacionais de Catalogação na Publicação (CIP)

S681r Sófocles, 496 A.C-406 A.C

    Rei Édipo e Antígona/Sófocles; prefácio, tradução e notas por J.B. Mello e Souza. - [Ed. especial] - Rio de Janeiro: Nova Fronteira, 2022.
    160 p.; 12,5 x 18cm; (Clássicos para Todos)

    ISBN: 978-65-5640-588-9

    1. Peças de teatro. I. Souza, J.B. Mello E. II Título.
                                                   CDD: 882
                                                   CDU: 82-2

André Queiroz – CRB-4/2242

Conheça outros
livros da editora:

Sumário

A Grécia antiga e a poesia dramática..7

Rei Édipo..23
Antígona...97

Sobre o autor...155

A Grécia antiga e a poesia dramática

No prolóquio com que nos apresenta a sua "Prière sur l'Acropole" explica Renan o que se lhe afigura o "milagre da Grécia antiga": a tríplice beleza ideal da Arte, da Ciência e da Liberdade, com que o gênio grego, então em plena e exuberante florescência, dotou o patrimônio cultural e cívico da Humanidade.

Embora não participemos da mística alcandorada nem da contrição fervorosa com que o neopaganismo do grande pensador celebra a apologia da deusa cujo principal templo define como "o ideal cristalizado em mármore pentélico", e por isso não levamos em tão escassa conta tudo o que os povos detentores da civilização lograram realizar desde que a Grécia passou a outras mãos o facho de luz da portentosa lampadofória — vamos admitir tenha havido um "milagre" nas criações da Hélade antiga, desde que convencionemos considerar milagre a convergência de tantos fatores favoráveis, e a execução de uma obra que, por sua imponente beleza, parece ultrapassar o limite das humanas possibilidades. *"Quand je vis l'Acropole, j'eus la révelation du divin"*, declara, inebriado pelo entusiasmo, o antigo seminarista de S. Sulpício. Mais sereno, e, sem a menor dúvida, bem mais próximo da verdade, escreveu Ingres: *"Il y a eu, sur le globe, un petit coin de terre où, sous le plus beau ciel, chez des habitants doués d'une organisation intellectuelle unique, les lettres et les arts ont répandu, sur les choses de la nature, comme une seconde lumière, pour tous les peuples et pour toutes les générations à venir."*

Recorda o uruguaio Rodó, no seu admirável "Ariel", que certo venerando sacerdote egípcio dissera a Sólon, referindo-se ao espírito jovial, irrequieto e volúvel dos gregos: "Vós não sois senão uns meninos…" Com efeito, a vida e as atividades dos helenos, segundo o parecer do austero Michelet, dão, a quem as examina de perto, a impressão de um festivo folguedo ao ar livre, folguedo a que assistem, sorridentes, em torno, todas as nações do mundo. "Mas", conclui o escritor americano, "o certo é que daquele divino jogo de adolescentes, nas praias do arquipélago, ou à sombra amena dos olivais da

Jônia, nasceram a arte, a filosofia, o pensamento livre, a curiosidade da investigação, a consciência da dignidade humana, todos esses estímulos de Deus que são ainda a nossa inspiração e o nosso orgulho". No entanto, o povo a quem o sacerdote de Saís representava, absorto na sua gravidade hierática, parece ter vivido apenas numa estéril noção de ordem, para tecer seus sudários e construir seus majestosos sepulcros, dominando a monotonia do deserto.

Convenhamos, pois, em que a expressão de Renan, que tantos outros escritores têm glosado com proveito, o "milagre da Grécia antiga" não pode sofrer impugnação. A dívida que assumimos para com aquele povo tão pequeno e tão vivaz pertence ao número daquelas que não se extinguem nem se amortizam nunca. Passam os séculos, fluem os milênios, e as criações com que o gênio grego opulentou o acervo da civilização mantêm-se no primeiro plano na admiração de quantos prezam a Humanidade, e a obra espiritual e moral por ela realizada, apesar das angústias e vicissitudes que a atormentam. E entre essas criações avulta o teatro, ou melhor: a poesia dramática em sua forma definitiva, que foi a tragédia.

Que a tragédia, tal como surgiu e se constituiu na Grécia antiga, nenhum povo a praticara antes, creio não haver dúvida alguma. É certo que em outros povos se produziram longos poemas dialogados; mas não se cogitava pôr em cena as personagens e os episódios respectivos. Com efeito, nem a mais moderna maquinaria possibilitaria a apresentação — por exemplo — das estupefacientes cenas da Shakúntala, de Kalidasa, quando os céus se abrem e surgem nas nuvens os carros de Indra, rasgando os ares como fazem os atuais aviões estratosféricos.

Criado o novo ramo de arte, era mister designar-lhe uma padroeira entre as potestades do Olimpo. Assim, das nove deusas que formavam o séquito gracioso de Apolo, uma se destinou ao patrocínio da poesia dramática. Como nos demais casos, tal vocação se justifica: a tragédia, proveniente das festas dionísias, veio a ser uma das mais impressionantes revelações da arte daquele tempo, e exerceu influência decisiva na formação da mentalidade popular.

Melpómene recebeu, portanto, na partilha dos atributos, um esplêndido quinhão. Estranho fascínio deveria ter possuído essa filha de Júpiter para que a preferissem, como fonte de inspiração poética, alguns dos mais valentes cantores da Hélade, e para que o latino Horácio encerrasse com tão expressiva apóstrofe a ode com que assegura e anuncia a imortalidade de sua obra:

Sume superbiam
Quæsitam meritis et mihi Delphica
Lauro cinge volens, Melpomene, comam!

★ ★ ★

Recordam os historiadores, como curiosidade tão somente, porém digna de nota, que os três mais notáveis trágicos que a Grécia produziu têm seus nomes vinculados à batalha naval de Salamina, episódio de capital importância da segunda guerra greco-pérsica, ocorrido no ano 480 a.C. Realmente, Ésquilo combate, como bom patriota que era, entre os bravos que Temístocles impeliu à luta contra o temível invasor; Sófocles, então adolescente, fez parte do coro com que dias depois se festejou a esplêndida vitória; e Eurípedes nasceu em Salamina, e durante a batalha, nada mais sendo lícito exigir de quem apenas entrando na existência vinha.

Pouco, ou quase nada se sabendo acerca de Téspis, de Frínico e de outros que precederam a Ésquilo, e sendo notória a decadência da tragédia depois de Eurípedes, restringe-se a esses três gloriosos autores a história da poesia dramática na Grécia. E a Atenas, a cidade onde nasceram, coube o privilégio de haver sido o berço dos três únicos poetas trágicos cuja obra resistiu à ação do tempo e chegou até nós, nada perdendo, no decurso dos séculos, de sua imponente magnitude. A cidade gloriosa, a "coroada de violetas" — como diziam os poetas —, adquiriu, assim, indiscutível direito à gratidão da posteridade, que vê nas obras que se conservaram daqueles ilustres atenienses, um dos mais belos florões do gênio humano. Se a Grécia antiga continua a viver para nós, e perto de nós, por tudo o que soube produzir de belo e de eterno na própria essência da civilização de que somos usufrutuários, a Atenas se deve considerável parte dessas conquistas não somente no domínio do pensamento, mas também no da razão, da arte e da literatura. "Como seria pobre a inteligência da Humanidade se não houvesse existido Atenas!", exclama Gomperz na página vestibular de seu livro *Les Penseurs de la Grèce*. Se bem ponderarmos, nada há que opor a essa exclamação. Imensa foi a contribuição cultural da Grécia; e dela a maior e mais preciosa parte se deve à metrópole jônia.

Não nos parece oportuno recordar aqui, com minúcias, o que ensina a História com relação ao aparecimento da tragédia, última fase da evolução por que passaram os ditirambos, primitivamente cantados por numerosos conjuntos vocais, nas festas periódicas celebradas em honra de Baco (em grego, Dioniso). Basta assinalar que, como quase todas as instituições helênicas, o teatro deve sua origem à religião. Sacerdotes e arcontes presidiam às cerimônias; e a reprodução que se fazia, dos episódios da vida do deus tornou necessária a cooperação de personagens que dialogavam com os coreutas e os respectivos líderes, os corifeus. As despesas corriam por conta do fundo especial mantido pelo Estado (o *teoricon*), ou de um grupo de homens abastados (os *corrégios*), nada, portanto, pagando os assistentes, que ainda recebiam uma indenização para que pudessem assistir à festa. Nisso consiste uma profunda diferença entre o teatro grego, que era oferecido ao povo, e o atual, que se tornou fonte de renda para o erário e exige tais tributos dos frequentadores, que passou a ser um privilégio das classes mais favorecidas pela fortuna.

Com Téspis, ao que se presume, é que aparece o drama, e as peças já cogitam de outros nomes ou heróis, além de Dioniso. Este turbulento deus afinal é posto à margem. Novos autores, que não lograram fama duradoura, procuram nas lendas antigas o assunto para suas obras, redigindo suas trilogias, ou grupos de três peças cujo tema se relacionava, e com elas concorrendo anualmente aos prêmios que as autoridades ofereciam aos que apresentassem melhores produções.

Algumas advertências prévias convém formular, para os leitores que se disponham a conhecer as tragédias gregas por meio de traduções ou escólios, visto que se torna difícil a aquisição de conhecimentos bastantes no idioma em que foram escritas.

Uma delas diz respeito à forma em que são apresentadas tais traduções. Tendo sido produzidas em verso essas admiráveis obras, não tem faltado quem se anime a interpretá-las, nos idiomas modernos, conservando-lhes a forma poética. Mas a poesia está sujeita a cânones rigorosos, e assim há de permanecer, em que pese aos que, em recentes tentativas, pretendem libertá-la de tais exigências. Eis a razão por que a empresa de trasladar para o nosso vernáculo as veementes exclamações que se contêm nos versos tersos e patéticos de Sófocles ou de Ésquilo apresenta dificuldades intransponíveis. Na impossibilidade de comprimir num só verso de nosso idioma o integral conteúdo do verso grego, os tradutores são forçados, quase sempre, a modificar os termos da apóstrofe, ou a usar de circunlóquios, omissões ou acréscimos, que necessariamente importam deslealdade para com o autor grego e para com o leitor que o deseja conhecer.

Isenta da métrica, a tradução em prosa pode, com fidelidade absoluta, acompanhar o texto clássico, do qual só se afasta nas passagens em que a rigorosa exatidão vocabular possa dar em resultado uma forma incompreensível, ou de sentido diverso daquele que o poeta quis exprimir. Em tais passos é forçoso sacrificar a palavra, para manter a precisão da ideia. Imaginemos os apuros em que se veria um poeta, mesmo se dotado de real talento, ao traduzir em verso semelhante ao do original a primeira estrofe da "Marselhesa", por exemplo. Como resolveria a situação nesta passagem:

Entendez-vous dans les campagnes
Mugir ces féroces soldats?

O precedente de Odorico Mendes trasladando para o nosso idioma, em decassílabos, os poemas de Homero e de Virgílio não é de molde a animar idênticos tentames. Sílvio Romero censura, e com razão, as incríveis extravagâncias praticadas pelo ilustre maranhense no vão propósito de utilizar vocábulos correspondentes aos belos atributivos gregos, chegando ao ponto de ferir com o ridículo a duas poderosas deusas — a quem denominou a "olhi-táurea Juno" e "a predadora Palas pulcrícoma", e ao invencível herói tessálio, este reduzido à pitoresca situação de "o velocípede Aquiles". "Nesse estilo esvaeceu-se de todo a poesia do velho Homero", afirma o crítico brasileiro. "Sirva-nos o exemplo, e evitemo-lo!"

Enquanto nosso patrício Odorico Mendes assim se exauria para redigir aqueles imortais poemas em versos rudes, pesados, inteiramente destituídos de musicalidade, Leconte, exímio poeta francês, traduzia a obra de Homero em magnífica prosa, dúctil, fluente, cantante, que transmite a quem a lê impressão muito próxima da que produziria o texto grego dos hexâmetros. Tais considerações justificam, à saciedade, a preferência dada, na elaboração do presente volume, às traduções em prosa de algumas tragédias, escolhidas entre as mais famosas do teatro ateniense. Por exceção insere-se apenas uma em verso solto (o *Hipólito*, de Eurípedes), completando-se destarte a série agora apresentada com um trabalho antigo, de tradutor português desconhecido, que venceu com certa galhardia as dificuldades do empreendimento.

A segunda observação que nos parece oportuno fazer aos leitores acaso não familiarizados com a poesia dramática dos gregos, diz respeito à influência da música na parte atribuída aos conjuntos corais. Toda e qualquer produção destinada ao teatro perde uma grande parte de seu efeito quando apenas lida. O ambiente, o trabalho personalíssimo do artista e os recursos da teatralidade concorrem poderosamente para o efeito sobre a assistência. No caso das tragédias gregas a diferença torna-se ainda mais sensível, porquanto faltará também a música com que os coros e os corifeus entoavam as odes intercaladas e dialogavam com os artistas. Não esqueçamos que nós apenas lemos a obra dos trágicos gregos; os gregos viam-na e ouviam-na. Apesar da extrema simplicidade da cena grega que não se pode comparar aos modernos cenários de tão variados efeitos, a imaginação pujante do povo, suprindo as lacunas, bastava para completar os quadros, de imponente magnitude aliás, e para deles colher fortíssima impressão, capaz de agitar as massas até o delírio.

Quem apenas ler o texto de qualquer das modernas óperas — o *Rigoletto*, por exemplo — não pode, em caso algum, fruir o mesmo encanto de quem viu as magníficas cenas e ouviu as deliciosas árias com que o gênio de Verdi se impôs aos apreciadores do *bel canto*. Assim, o leitor das tragédias gregas reunidas neste volume há de se conformar com a ideia de que perde considerável parte da intraduzível beleza que só aos helenos daquele tempo foi dado apreciar. Que nos console ao menos a certeza de que nem tudo se perdeu. Chegaram até nós, e aí estão, latentes ou ostensivas, nas odes corais e nas falas dos protagonistas, dos deuteragonistas e dos tritagonistas destes imortais episódios, as paixões, os sentimentos, as ideias que tumultuavam as almas daquela gente singular. E todo esse inavaliável tesouro temo-lo a nosso alcance, mais acessível, sem dúvida, aos que conhecem a velha Grécia e as criações de sua privilegiada estesia. Com efeito, a só leitura do texto pode proporcionar certa dose de impressões a quem se anime a empreendê-la; mas, na verdade, é o conhecimento da lenda e da história, das concepções religiosas e políticas dos gregos antigos, e das fontes e rumos de sua arte, a condição precípua que nos habilita a compreender e a apreender toda a beleza da tragédia ateniense, e a sentir, como os espectadores do teatro de Dioniso, o terror pelo suplício de Prometeu, a comiseração pela triste sorte de Antígona, ou o conforto pelo livramento de Orestes, devido ao voto generoso de Minerva.

"É um erro supor", diz o crítico lusitano Luis Garrido, "que as belezas da tragédia grega se denunciam todas a um exame superficial, e que os monumentos da arte antiga são tão fáceis de compreender como os da arte moderna. Mas que bela recompensa não está guardada para os perseverantes que não recuarem diante dos obstáculos e conseguirem tratar familiarmente com esses admiráveis exemplares do gênio poético dos helenos!".

Num ponto, único, talvez, o leitor de nosso tempo leve vantagem. É que na tragédia grega não havia, nem poderia haver, enredo, mistério ou surpresa para o assistente. Os episódios que os autores exploravam eram de sobejo conhecidos. Por via de regra, formavam o pano de fundo das velhas lendas relativas aos numes mitológicos e às desgraças que feriram as infelizes famílias dos atridas, dos labdácidas e dos tindáridas. Outro tanto já não ocorre em nossos dias, salvo o caso de leitores que conheçam profundamente as referidas lendas e tradições helênicas. Para os demais, sempre há de despertar interesse o torneio da efabulação, porquanto, mesmo quando traziam à cena as mesmas personagens e os mesmos episódios, os autores dispunham de recursos próprios para atingir o trágico desenlace.

★ ★ ★

Convém, finalmente, recordar ao leitor que a tragédia grega surgiu, floresceu e alcançou o máximo de seu esplendor no decurso do século V a.C., o que importa dizer: no período em que a Grécia viveu a fase épica de sua existência. Findara, na centúria anterior, o período de formação das irrequietas comunidades helênicas; operou-se a expansão grega pelas ilhas, pelo litoral da Ásia Menor e no sul da península Itálica. Entra a Hélade em sua vigorosa maturidade; fortalecem-se governos e instituições; desenvolvem-se a navegação e o comércio; enriquecem e prestigiam-se as metrópoles graças ao concurso das apoéquias e clerúquias distantes. Forma-se a democracia ateniense: eloquentes oradores discutem, na ágora, os problemas da República. Imaginem, então, os perigos da invasão e da conquista persa, e os mais valentes Estados gregos unem-se — coisa rara! — contra o temeroso inimigo comum. Inflamam-se os ânimos na defesa da terra pátria, e também dos deuses, dos lares e penates. De tantos estímulos resultou a vitória, que teve como lídimos florões as jornadas de Salamina, de Maratona, de Plateias e de Micala, e por heróis representativos os vultos de Milcíades, de Temístocles e de Aristides. A proeminência de Atenas em tais sucessos justifica-se, pois; e com ela se explica a razão por que o novo gênero de arte proveniente dos ditirambos das festas dionísias — a tragédia — viesse a ser um gênero ateniense por excelência. O momento histórico em que surgiu a tragédia grega impunha-lhe, portanto, como nota dominante, esse orgulho muito natural num povo que, vencedor em prélio de tamanha gravidade, adquirira a nítida consciência de seu próprio valor.

Devemos convir que a multidão que se comprimia nas arquibancadas de pedra do teatro de Dioniso, nas faldas da acrópole, em Atenas, ao ar livre, sob aquele céu puríssimo da Ática, tinha o direito de exigir, para alimento de seu estuante entusiasmo, um espetáculo consentâneo com os ardores guerreiros e patrióticos de que se sentia possuída. A tragédia devia, pois, mostrar-se à altura daquele sentir coletivo, e, fosse qual fosse o episódio da lenda ou da história ali relembrado, as odes corais, intercalando-se entre os diversos atos, deviam satisfazer aquele gosto pronunciado da assistência pelo patético e pelo sublime.

Na conhecida passagem de *A Midsummer Night's Dream* lança Shakespeare o ridículo sobre o antigo teatro grego, exibindo a cena daqueles rústicos indivíduos que se propõem a representar uma tragédia em plena mata para divertir o "duque" Teseu e sua corte. Admitamos que um espectador da era elisabetana se excedesse em crises de hilaridade ao ver aquela cena contrafeita na qual os grotescos figurões tentam reproduzir a triste história de Píramo e Tisbe. Isso, porém, nada prova em desfavor das velhas tragédias, pois em nossos dias alcançaria idêntico resultado o autor de revistas burlescas que ponha no palco uns simplórios caipiras representando a cena das feiticeiras de *Macbeth*, ou a do monólogo de *Hamlet*. O certo é que o grego antigo, enquanto não lhe perverteram o gosto as comédias irreverentes de Aristófanes, não via ridículo algum naqueles atores que caminhavam, solenes, calçando altos coturnos, e que faziam papéis femininos em *travesti*, exibindo aquelas máscaras que ficaram, afinal, como um dos símbolos da arte cênica pelos tempos adiante. A mesma simplicidade da cena no teatro de Dioniso, constando apenas de alta muralha com três portas (convencionava-se que uma seria a do palácio, outra comunicaria com a ágora, ou cidade, e a terceira daria para o campo, ou país distante), em nada prejudicava o efeito majestoso do espetáculo, porquanto o assistente veria ali tão bem o palácio de Admeto como a praça maior de Susa, ou os rochedos adustos da deserta região Cítia.

Admitem alguns autores que em certos teatros, cujas condições o permitissem, tenha havido plataformas giratórias, bem como paredes móveis, que tornassem possível a rápida mutação das cenas, facultando à assistência ver o que se passava no interior dos edifícios. Eis aí um progresso interessante, e tanto mais digno de admiração quanto é certo que os cenógrafos daquele tempo não dispunham dos recursos que o teatro moderno possui e utiliza para conseguir idênticos resultados. Em regra, porém, as cenas mais terríveis — como seriam as de mortes violentas ou suicídios — eram dadas como tendo ocorrido no interior dos edifícios, e o espectador, que apenas ouvia os horrendos gritos, prantos e gemidos, logo tinha conhecimento do que se passara mediante longas narrativas feitas por atores de somenos relevância, que assim inteiravam o público dos cruentos episódios que fora impossível apresentar em cena aberta.

★ ★ ★

De tudo o que acima ficou exposto relativamente às condições especialíssimas em que se exibiam ao público as tragédias gregas, resulta, como conclusão lógica e natural, que essas majestosas demonstrações de arte dramática e canto coral deviam ter exercido, como efetivamente exerceram, assinalada influência na formação daquele espírito nacional que deu aos helenos em sua generalidade, mas aos jônios de Atenas especialmente, a desmedida audácia que os arrastou a tantos e tão difíceis cometimentos.

Com efeito, o teatro ateniense de Dioniso foi o modelo imitado por inúmeras cidades contemporâneas, desejosas de competir com Atenas no novo e brilhante gênero de arte. Não se limitou, pois, a influência da tragédia à cidade onde surgiu; estendeu-se a toda a Grécia. Aristóteles declara que determinados lances despertavam maior entusiasmo da assistência, ao passo que outros provocavam gestos de indignação e tumultos inevitáveis. E cita o caso de um certo Carcino, autor malogrado, cujo insucesso atribui ao fato de haver figurado em sua tragédia a fuga de Anfiarau, que se retira vergonhosamente do palácio sem que o público seja sabedor. É claro que sendo impossível transformar em herói quem deu provas de tamanha pusilanimidade, a peça deveria ocasionar sempre as manifestações de desagrado do público, o que determinou seu completo fracasso. Pode-se comparar tal incidente ao que se verificou com o drama colombiano *La Pola*, em cujo final, segundo se conta, os assistentes, indignados, exigiram em altos brados que fosse fuzilado no palco o vice-rei, odioso tirano, e não a heroína que inspirava simpatia. E assim se fez, prejudicada a verdade histórica, para evitar possíveis danos à mobília do teatro e à integridade dos artistas. Infere-se daí que não é prudente pôr em cena o que possa contrariar as paixões ou inclinações populares em plena efervescência. Na Grécia antiga, o que concorreu para manter a irritação dos ânimos foi a necessidade de prolongar-se o estado de ativa e solerte vigilância, em Atenas sobretudo, enquanto a Pérsia constituía ainda sério perigo a temer.

Incontestavelmente, os impulsos patrióticos e alentos morais que encorajaram os Estados gregos na luta desigual contra o império dos Aquemênidas foram hauridos, em grande parte, nas imponentes odes em que deuses, heróis e conjuntos corais faziam a apologia da liberdade e da dignidade humanas e lançavam apóstrofes de justa indignação contra a injustiça, o vício e a tirania. Ésquilo teria sido, assim, um dos grande fautores da vitória final, expondo ao povo, na sua tragédia *Os persas*, o terror da multidão inimiga diante do palácio real de Susa, quando os emissários trouxeram a notícia da derrota de Salamina. Surge a rainha Atossa, a mesma altaneira e orgulhosa soberana que recomendara a seu filho Xerxes que lhe trouxesse muitas mulheres atenienses para servi-la como escravas — e, dirigindo-se ao coro, indaga:

— Dizei, amigos, onde fica a cidade de Atenas?

— Bem longe — responde o coro —, para as bandas do Ocidente, nas plagas onde desaparece o Sol, nosso poderoso deus!

— E é essa Atenas a cidade que meu filho foi conquistar?

— Sim, rainha! E vencida Atenas, toda a Grécia estaria sujeita ao Grande Rei!

— E por acaso dispõe ela de numerosos guerreiros?

— Tantos quantos bastaram para causar um mal tremendo aos persas!

— E possuem eles abundantes riquezas?

— Sim! Eles têm os tesouros que lhes fornece a terra!

— Que soberano os domina e comanda seus exércitos?

— Nenhum déspota os governa, rainha, nem como escravos, nem como súditos!

— Como se explica então — brada a desesperada rainha — que eles tenham resistido aos ataques de nossos guerreiros?

E o coro responde, em linguagem lamentosa:

— Tão bem como reagiram outrora àquele imenso e brilhante exército de Dario, que eles aniquilaram!...

Pouco depois era a sombra de Dario que aparecia, terrífica, verberando a covardia do filho. Aterrado, o coro de anciãos indaga como se devem conduzir os persas para, naquele transe, assegurar ao menos a sobrevivência do império.

— Evitai — responde o horripilante fantasma —, evitai a guerra com os gregos! Não os hostilizeis nunca mais, porque, ainda que nossos exércitos fossem mais numerosos que o de Xerxes, a própria terra combateria a favor deles!

E o coro, numa lamentação lúgubre, lança ao ar a amargurada apóstrofe ao deus de seus inimigos:

"Ó poderoso Júpiter, tu que destruíste o exército persa, fortíssimo e inumerável, por que lançaste o negror do luto por sobre as cidades de Susa e Ecbatana? Ó mulheres persas! Dilacerai vossos véus e derramai lágrimas de dor e de amargura!"

E para mais exaltar o valor dos gregos, é o próprio Xerxes que no episódio a seguir entra em cena, apavorado, lamentando em altos gritos e imprecações horrendas a desgraça que feriu seu império. Calcule-se quanto devia ser intenso o entusiasmo dos gregos ao ouvir o pranto lastimoso do pusilânime déspota e as acusações violentas da sombra de Dario. Talvez nunca mais se haja visto em cena aberta, como em *Os persas*, a demonstração eloquente de quanto é aviltante rebaixar-se um povo a mero instrumento da vontade e da prepotência de um só.

★ ★ ★

A difusão do gosto pelo teatro por todo o mundo helênico, inclusive nas cidades gregas da Ásia, da Sicília e da Itália meridional, se, por um lado, trouxe uma fase de popularidade e fortuna para os que exploravam o gênero (autores, artistas e cantores), por outro lado produziu a decadência da poesia dramática, que acompanha de perto o declínio da tragédia e de sua influência. Eubulo gozava de prestígio na corte de Dionísio, o truculento ditador de Siracusa; é fama que dizia ao tirano certas verdades que ele não perdoaria ao mais estimado de seus áulicos. Aristodemo prestou reais serviços quando se tratou de harmonizar Filipe da Macedônia com os atenienses, depois de Queroneia. Artistas houve que, em pouco tempo, acumularam copiosas fortunas, o que sói acontecer ainda em nossos dias. Mas as tragédias que então se compunham, não obstante alguns êxitos efêmeros, não passaram à posteridade, porque não se igualavam, sob qualquer aspecto, às obras dos três grandes trágicos atenienses do século anterior.

Em vão Aristóteles expôs, na sua *Poética*, as normas que lhe pareciam imprescindíveis para que uma tragédia fosse, de fato, um monumento de beleza artística e moral, capaz de produzir impressões duradouras e profundas, como as que promanavam das peças antigas. As regras preconizadas pelo ilustre sábio estagirita não deram outro resultado senão o de animar alguns autores gregos, e mais tarde alguns romanos (entre eles Sêneca), a compor longas e maçudas tragédias destinadas exclusivamente à leitura, ante a absoluta impossibilidade de as exibir no teatro. Eurípedes teve, nessa fase, muitos imitadores; houve certames e concederam-se prêmios em Atenas e alhures; mas nada disso evitou a decadência do gênero dramático. A comédia de Aristófanes e de Menandro, divertindo o povo graças à sua comicidade, e desvirtuando-lhe o gosto com a licenciosidade, concorreu, com a grosseira pantomima romana, para a longa hibernação da tragédia grega, cuja influência só vai reaparecer nos tempos modernos, revelando-se nas imitações que inspirou a várias literaturas, especialmente no teatro clássico francês.

Na verdade, cessada a causa, deveria natural e necessariamente cessar o efeito. As cidades gregas entram no ciclo das competições e das guerras pela conquista da hegemonia. E também das ingratas discórdias internas, lutas de classes que enfraqueceram os mais possantes Estados. No entanto, o gênio grego não esmaeceu logo com essas lutas políticas e sociais; a Grécia terá ainda uma plêiade de talentos de primeira ordem. Mas não será mais a poesia o campo predileto para sua atividade. A poesia cede o lugar à eloquência e à filosofia. O tempo da tragédia havia passado, como antes passara o tempo das rapsódias de Homero e o das estrofes de Tirteu. As tribunas do Pnix, da ágora e dos "demos" políticos atraíam a multidão que outrora afluía ao teatro de Dioniso. Falta, porém, a esse conglomerado humano, cosmopolita e heterogêneo, o sentimento do patriotismo, bem como a confiança nas instituições religiosas e políticas, e o desejo de formar, como em outros tempos, um povo consciente de seu valor e animado por um alto e nobre ideal. Unida, a Grécia resistiu à avalanche persa; desunida pela ambição da riqueza, pelos vícios que debilitavam as gerações novas e pela corrupção que gangrenava o organismo do Estado, ela vai ser presa fácil para a conquista macedônia e, em seguida, para o domínio romano.

A mesma fortuna trouxera consigo os germens dessa desagregação do espírito nacional, tão pujante nos áureos tempos em que

Péricles reunia em torno de sua mesa frugal homens como Fídias, Sófocles, Eurípedes e Sócrates. Com razão, carpindo os males da Grécia já valetudinária no seu tempo, diz o melancólico historiador Políbio: "Singular fatalidade, que quando uma república alcança alto grau de poder e de riqueza o povo não goza por muito tempo essa felicidade; o luxo e os prazeres corrompem os costumes, e os cidadãos perdem, simultaneamente, as virtudes pacíficas e as aptidões guerreiras." Também a Pérsia, antes tão poderosa, teve sua rápida e irremediável decadência, que Xenofonte atribui à corrupção dos guerreiros e governantes, os quais abandonaram os antigos hábitos de severa moderação para viver em banquetes e festins que se prolongavam pelo dia todo. O mais expressivo exemplo, porém, será o da opulenta e orgulhosa Síbaris, cujos depravados costumes Diodoro nos descreve em tão impressionante depoimento.

Teve, pois, a Grécia, na sua fase crepuscular, muitos homens notáveis; mas já não tinha grandes ideais, e, portanto, não podia produzir grandes poetas. Ainda bem que a simplicidade ingênua da vida campesina vai produzir os cantares de Teócrito. O tempo das empolgantes odes estava findo. E foi um poeta perfeitamente capaz de as conceber que se encarregou de anunciar a inevitável ruína: Aristófanes, o autor das mais famosas comédias. Outro notável poeta, o sarcástico Alexis, expande-se nesta linguagem assaz significativa: "Que dizes tu? O Liceu? A Academia? O Odeon? Ora... ora... algarada de sofistas, onde nada há que valha a pena ver... Bebamos, Sicon! Bebamos à vontade, e tratemos de gozar a vida, enquanto é possível! Viva a alegria, Manés! Nada há melhor do que encher a barriga! Virtudes, embaixadas, comandos, tudo é vanglória, ruído inútil no país dos sonhos! A morte fará de ti um bloco gélido, no dia marcado pelos deuses. E que restará de ti? Poeira, apenas, como tudo mais é poeira, poeira de Péricles, de Codro e de Címon!"

Cedeu, pois, a poesia dramática o seu lugar à filosofia. Aquela, porém, era uma escola de virtudes cívicas; esta, ao contrário, exerceu ação dissolvente nos estímulos patrióticos. Os poetas exaltavam o sentimento nacional; os discípulos de Sócrates intitulavam-se, como o mestre, "cidadãos do mundo". Os cantos corais de Ésquilo anatematizavam a tirania; as práticas de Zenon induziam os jovens a receber, com a mesma indiferença, a servidão ou a liberdade...

Grandiosa fora a missão histórica da tragédia grega. Coube-lhe por mais de um século produzir o oxigênio que manteve em vigor a flama do entusiasmo e permitiu à Grécia salvar a liberdade e a civilização, ameaçadas naquele radioso alvorecer.

J.B. Mello e Souza

REI ÉDIPO

Introdução

A mais trágica das tragédias de Sófocles, a que, certamente, devia ter produzido maior reação por parte da assistência, é a que explora a lenda do infeliz rei tebano, cujo nome ficou ligado aos dois crimes que maior terror causavam aos gregos de outrora: o parricídio e o incesto.

A História, porém, não confirma tal suposição. *Rei Édipo* não logrou o desejado êxito; Sófocles, no pleito final desse ano, foi classificado em igualdade de condições com Fílocles, sobrinho de Ésquilo, e autor de tão escassos méritos que, não fora essa circunstância, teria caído em total e justo esquecimento. Para isso deve ter havido razões bastantes; e os comentadores concordam em atribuir o fracasso às alusões políticas que Sófocles insinuou nas entrelinhas de seus versos, as quais teriam desagradado, em Atenas, aos partidários do desastrado Alcibíades.

O certo é que, mesmo para quem conheça a lenda do malsinado filho de Laio, a leitura da tragédia desperta curiosidade e emoção, o que se deve aos recursos postos em ação por Sófocles e às inovações com que alterou, nas minúcias, a tenebrosa história.

Nos pontos capitais — cumpre advertir —, o poeta se manteve fiel à tradição. Em que pese à fala final do coro, segundo a qual ninguém deve ser considerado feliz enquanto não houver atingido o termo de sua vida, a tese dominante de *Rei Édipo* consiste na contingência inexorável do fatalismo: "nenhuma criatura humana pode fugir a seu destino".

Debalde Laio e Jocasta, no intuito de evitar a realização de funestos vaticínios, cometeram o nefando crime de ordenar a morte de seu primogênito; em vão foi Édipo levado para terra distante; inutilmente abandonou os pais adotivos, que ele supunha legítimos, votando-se a definitivo desterro; nada disso obstou a marcha inflexível dos acontecimentos.

Avultam, na tragédia de Sófocles, figuras de magistral imponência. O adivinho Tirésias, velho e cego, ousando, na sua pobreza, afrontar o rei que o ameaçava e denunciá-lo claramente, é bem o símbolo da sabedoria humana, que pensa, estuda, sabe e prevê, mas que não convence os poderosos quando com eles entra em conflito. "Se tu possuis o régio poder, ó Édipo!, eu posso falar-te de igual para igual" declara o destemeroso sacerdote, cônscio de que contra ele nada podia a prepotência do tirano.

Jocasta também se nos apresenta sob um aspecto digno de atenção, por sua incredulidade em face dos oráculos, pela serena imparcialidade com que intervém no acrimonioso debate entre Édipo e Creonte e pela coragem resignada com que suporta as primeiras revelações da triste verdade. E a resolução que tomou, e que imediatamente cumpriu, de expiar com a morte as culpas que lhe cabiam, inspiram, sem dúvida, sentimentos de comiseração e respeito.

Édipo salienta-se, porém, pela enormidade da injustiça com que o feriu o destino, pelas vicissitudes de sua vida acidentada, pela magnanimidade com que exerce o poder supremo, e até pelos defeitos que tem, como criatura humana, e que se revelam no modo por que levianamente acusou Creonte, e nas expansões de seu orgulho e de sua cólera — salienta-se entre as demais personagens de modo tal, que as deixa a todas em plano muito inferior, ocupando ele quase todo o quadro da tragédia. Tamanho o prestígio do *fatum* para os gregos, que o herói de Sófocles se persuade de haver cometido dois crimes abomináveis, sabe que os cometeu inconsciente e involuntariamente, e não protesta em altos brados, como seria de esperar, contra essa crueldade dos deuses, que o punem de modo atroz pela prática de monstruosidades de há muito previstas, e das quais ele procurou fugir por todos os meios a seu alcance. Só na segunda tragédia, *Édipo em Colono*, é que se verá reagir o miserando rei, acusado por Creonte, e exclamar: "Por acaso, se fosses agredido por um desconhecido numa estrada deserta, irias, antes de te defender, indagar se aquele homem era teu pai?"

Aceita Sófocles a hipótese de ter cegado Édipo depois da revelação de seus crimes, o que confirma a profecia de Tirésias. No entanto, Homero, na *Odisseia*, refere-se longamente ao rei tebano, sem mencionar a cegueira que o feriu (*Odisseia*, XI, 271, *et passim*). O que constitui fruto da imaginação de Sófocles é o modo atroz pelo qual o próprio Édipo arranca os olhos das órbitas, utilizando as presilhas de metal de seu régio manto. De tudo isso, o público só pode ter notícia indireta, mediante um narrador, pois tão horripilante cena não poderia, mesmo fingida, ser apresentada em cena aberta.

Ao leitor de nosso tempo, pouco afeito aos costumes da lendária Grécia, há de causar estranheza a insistência com que o próprio rei, ciente de sua desgraça, alude ao incesto que praticou, mesmo na tocante cena em que se despede das filhas pequeninas. Mas a leitura de outras peças da época prova que não houve demasia nesse ponto, e que tais alusões não colidiam tanto, como agora, com a sensibilidade do público.

Na verdade, apesar do julgamento dos contemporâneos do autor, *Rei Édipo* sempre foi e continuará a ser uma das obras capitais do gênio grego, o que justifica plenamente sua divulgação.

REI ÉDIPO

PERSONAGENS

O REI ÉDIPO
O SACERDOTE
CREONTE
TIRÉSIAS
JOCASTA
UM MENSAGEIRO
UM SERVO
UM EMISSÁRIO

CORO DOS ANCIÃOS DE TEBAS

A ação passa-se em Tebas (Cadmeia), diante do palácio do rei ÉDIPO. *Junto a cada porta há um altar, a que se sobe por três degraus. O povo está ajoelhado em torno dos altares, trazendo ramos de louros ou de oliveira. Entre os anciãos está um sacerdote de Júpiter. Abre-se a porta central;* ÉDIPO *aparece, contempla o povo e fala em tom paternal*

ÉDIPO

      Ó meus filhos, gente nova desta velha cidade de Cadmo, por que vos prosternais assim, junto a estes altares, tendo nas mãos os ramos dos suplicantes?[1] Sente-se, por toda a cidade, o incenso dos sacrifícios; ouvem-se gemidos e cânticos fúnebres. Não quis que outros me informassem da causa de vosso desgosto; eu próprio aqui venho, eu, o rei Édipo, a quem todos vós conheceis. Eia! Responde tu, ó velho; por tua idade veneranda convém que fales

---

[1] Conforme antigo costume grego, os que tinham alguma súplica a fazer aos deuses acercavam-se dos altares trazendo ramos de louros ou de oliveira, enfeitados com fitas de lã.

em nome do povo. Dize-me, pois, que motivo aqui vos trouxe? Que terror, ou que desejo, vos reuniu? Careceis de amparo? Quero prestar-vos todo o meu socorro, pois eu seria insensível à dor, se não me condoesse de vossa angústia.

O SACERDOTE

Édipo, tu que reinas em minha pátria, bem vês esta multidão prosternada diante dos altares de teu palácio; aqui há gente de toda a condição: crianças que mal podem caminhar, jovens na força da vida e velhos curvados pela idade, como eu, sacerdote de Júpiter. E todo o restante do povo, conduzindo ramos de oliveira, se espalha pelas praças públicas, diante dos templos de Minerva, em torno das cinzas proféticas de Apolo Ismênio![2] Tu bem vês que Tebas se debate numa crise de calamidades, e que nem sequer pode erguer a cabeça do abismo de sangue em que submergiu; ela perece nos germens fecundos da terra, nos rebanhos que definham nos pastos, nos insucessos das mulheres cujos filhos não sobrevivem ao parto. Brandindo seu archote, o deus maléfico da peste devasta a cidade e dizima a raça de Cadmo; e o sombrio Hades se enche com os nossos gemidos e gritos de dor. Certamente, nós não te igualamos aos deuses imortais; mas todos nós, eu e estes jovens, que nos acercamos de teu lar, vemos em ti o primeiro dos homens, quando a desgraça nos abala a vida ou quando se faz preciso obter o apoio da divindade. Porque tu livraste a cidade de Cadmo do tributo que nós pagávamos à cruel Esfinge; sem que tivesses recebido de nós qualquer aviso, mas com o auxílio

---

[2] Havia em Tebas dois templos dedicados a Minerva (Palas) e um a Apolo, junto do Ismênio, no qual, segundo Heródoto (VIII, 134), se colhiam bons oráculos.

de algum deus, salvaste nossas vidas. Hoje, de novo aqui estamos, Édipo; a ti, cujas virtudes admiramos, nós vimos suplicar que, valendo-te dos conselhos humanos, ou do patrocínio dos deuses, dês remédios aos nossos males; certamente os que possuem mais longa experiência é que podem dar os conselhos mais eficazes! Eia, Édipo! Tu, que és o mais sábio dos homens, reanima esta infeliz cidade e confirma tua glória! Esta nação, grata pelo serviço que já lhe prestaste, considera-te seu salvador; que teu reinado não nos faça pensar que só fomos salvos por ti para recair no infortúnio novamente! Salva de novo a cidade; restitui-nos a tranquilidade, ó Édipo! Se o concurso dos deuses te valeu, outrora, para nos redimir do perigo, mostra, pela segunda vez, que és o mesmo! Visto que desejas continuar no trono, bem melhor será que reines sobre homens do que numa terra deserta. De que vale uma cidade, de que serve um navio, se no seu interior não existe uma só criatura humana?

ÉDIPO

Ó meus filhos, tão dignos de piedade! Eu sei, sei muito bem o que viestes pedir-me. Não desconheço vossos sofrimentos; mas na verdade, de todos nós, quem mais se aflige sou eu. Cada um de vós tem a sua queixa; mas eu padeço as dores de toda a cidade e as minhas próprias. Vossa súplica não me encontra descuidado; sabei que tenho já derramado abundantes lágrimas, e que meu espírito inquieto já tem procurado remédio que nos salve. E a única providência que consegui encontrar, ao cabo de longo esforço, eu a executei imediatamente. Creonte, meu cunhado, filho de Meneceu, foi por mim enviado ao templo de Apolo, para consultar o oráculo sobre o que nos cumpre fazer para salvar a cidade. E, calculando os dias decorridos de sua partida, e o de hoje, sinto-me deveras inquieto; que lhe terá acontecido em viagem? Sua ausência já excede o tempo fixado, e sua demora não me parece natural. Logo que ele volte, considerai-me um criminoso se eu não executar com presteza tudo o que o deus houver ordenado.

O SACERDOTE

Realmente, tu falas no momento oportuno, pois acabo de ouvir que Creonte está de volta.

ÉDIPO

Ó rei Apolo! Tomara que ele nos traga um oráculo tão propício quanto alegre se mostra sua fisionomia!

O SACERDOTE

Com efeito, a resposta deve ser favorável; do contrário, ele não viria assim, com a cabeça coroada de louros![3]

ÉDIPO

Vamos já saber; ei-lo que se aproxima, e já nos pode falar. Ó príncipe, meu cunhado, filho de Meneceu, que resposta do deus Apolo tu nos trazes?

Entra CREONTE

CREONTE

Uma resposta favorável, pois acredito que mesmo as coisas desagradáveis, se delas nos resulta algum bem, tornam-se uma felicidade.

ÉDIPO

Mas, afinal, em que consiste essa resposta? O que acabas de dizer não nos causa confiança, nem apreensão.

---

[3] Ter à cabeça uma coroa de louros significava ter ganho um prêmio, ou ser portador de uma notícia auspiciosa.

CREONTE

(Indicando o povo ajoelhado) Se queres ouvir-me na presença destes homens, eu falarei; mas estou pronto a entrar no palácio, se assim preferires.

ÉDIPO

Fala perante todos eles; o seu sofrimento me causa maior desgosto do que se fosse meu somente.

CREONTE

Vou dizer, pois, o que ouvi da boca do deus.[4] O rei Apolo ordena, expressamente, que purifiquemos esta terra da mancha que ela mantém; que não a deixemos agravar-se até tornar-se incurável.

ÉDIPO

Mas por que meios devemos realizar essa purificação? De que mancha se trata?

CREONTE

Urge expulsar o culpado, ou punir, com a morte, o assassino, pois o sangue maculou a cidade.[5]

ÉDIPO

De que homem se refere o oráculo à morte?

CREONTE

Laio, o príncipe, reinou outrora neste país, antes que te tornasses nosso rei.

ÉDIPO

Sim; muito ouvi falar nele, mas nunca o vi.

CREONTE

Tendo sido morto o rei Laio, o deus agora exige que seja punido o seu assassino, seja quem for.

---

[4] Os gregos supunham que, por intermédio da sacerdotisa de Delfos, falava pelo oráculo o próprio deus Apolo.

[5] "Causa o sangue o flagelo sobre a cidade", diz, literalmente, Sófocles.

ÉDIPO

Mas onde se encontra ele? Como descobrir o culpado de um crime tão antigo?

CREONTE

Aqui mesmo, na cidade, afirmou o oráculo. Tudo o que se procura será descoberto; e aquilo de que descuramos nos escapa.

ÉDIPO *fica pensativo por um momento*

ÉDIPO

Foi na cidade, no campo ou em terra estranha que se cometeu o homicídio de Laio?

CREONTE

Ele partiu de Tebas para consultar o oráculo, conforme nos disse, e não mais voltou.

ÉDIPO

E nenhuma testemunha, nenhum companheiro de viagem viu qualquer coisa que nos possa esclarecer a respeito?

CREONTE

Morreram todos, com exceção de um único, que, apavorado, conseguiu fugir, e de tudo o que viu só nos pôde dizer uma coisa.

ÉDIPO

Que disse ele? Uma breve revelação pode facilitar-nos a descoberta de muita coisa, desde que nos dê um vislumbre de esperança.

CREONTE

Disse-nos ele que foram salteadores que encontraram Laio e sua escolta, e o mataram. Não um só, mas um numeroso bando.

ÉDIPO

> Mas como, e para que teria o assassino praticado tão audacioso atentado, se não foi coisa tramada aqui, mediante suborno?

CREONTE

> Também a nós ocorreu essa ideia; mas, depois da morte do rei, ninguém pensou em castigar o criminoso, tal era a desgraça que nos ameaçava.

ÉDIPO

> Que calamidade era essa, que vos impediu de investigar o que se passara?

CREONTE

> A Esfinge, com seus enigmas, obrigou-nos a deixar de lado os fatos incertos, para só pensar no que tínhamos diante de nós.

ÉDIPO

> Está bem; havemos de voltar à origem desse crime, e pô-lo em evidência. É digna de Apolo, e de ti, a solicitude que tendes pelo morto; por isso mesmo ver-me-eis secundando vosso esforço, a fim de reabilitar e vingar a divindade e o país ao mesmo tempo. E não será por um estranho, mas no meu interesse que resolvo punir esse crime; quem quer que haja sido o assassino do rei Laio, bem pode querer, por igual forma, ferir-me com a mesma audácia. Auxiliando-vos, portanto, eu sirvo a minha própria causa.[6] Eia, depressa, meus filhos! Erguei-vos e tomai vossas palmas de suplicantes; que outros convoquem os cidadãos de Cadmo; eu não recuarei diante de obstáculo algum! Com

---

[6] Os intérpretes assinalam esta passagem como sendo das mais notáveis da tragédia, pois Édipo vai fazer o contrário do que diz, numa anfibologia trágica, usada com frequência por Sófocles.

o auxílio do Deus, ou seremos todos felizes ou ver-se-á nossa total ruína!

O SACERDOTE

Levantemo-nos, meus filhos! O que ele acaba de anunciar é, precisamente, o que vínhamos pedir aqui. Que Apolo, que nos envia essa predição oracular, possa nos socorrer, também, para pôr um fim ao flagelo que nos tortura!

Saem ÉDIPO, CREONTE, O SACERDOTE
Retira-se o POVO
Entra O CORO, *composto de quinze notáveis tebanos*

O CORO

Doce palavra de Zeus, que nos trazes do santuário dourado de Delfos à cidade ilustre de Tebas? Temos o espírito conturbado pelo terror, e o desespero nos quebranta. Ó Apolo, nume tutelar de Delos, tu que sabes curar todos os males, que sorte nos reservas agora, ou pelos anos futuros? Dize-nos tu, filha da áurea Esperança, divina voz imortal!

Também a ti recorremos, ó filha de Zeus, Palas eterna, e a tua divina irmã, Diana, protetora de nossa pátria, em seu trono glorioso na ágora imensa; e Apolo, que ao longe expede suas setas; vinde todos vós em nosso socorro; assim como já nos salvastes outrora de uma desgraça que nos ameaçava, vinde hoje salvar-nos de novo!

Ai de nós, que sofremos dores sem conta! Todo o povo atingido pelo contágio, sem que nos venha à mente recurso algum, que nos possa valer! Fenecem os frutos da terra; as mães não podem resistir às dores do parto; e as vítimas de tanta desgraça atiram-se à região do deus das trevas.[7]

Privada desses mortos inúmeros, a cidade perece, e, sem piedade, sem uma só lágrima, jazem os corpos pelo chão, espalhando o contágio terrível; as esposas, as mães idosas, com seus cabelos brancos, nos degraus dos altares para onde correm de todos os pontos, soltam gemidos pungentes, implorando o fim de tanta desventura. E à lamúria dolorosa se juntam os sons soturnos do péan. Dileta filha dourada de Júpiter, envia-nos, sorridente, o teu socorro!

E o poderoso Marte, que ora nos inflama sem o bronze dos escudos,[8] ferindo-nos no meio destes gritos de horror, afugentai-o para bem longe de nossa terra, ou para o vastíssimo leito de Anfitrite, ou para as ondas inóspitas dos mares da Trácia, porque o que a noite não mata, o dia imediato com certeza destrói. Ó Júpiter, nosso Pai, senhor das faíscas ofuscantes, esmaga esse Marte impiedoso sob teus raios terríveis!

Ó rei Lício,[9] nós pedimos que de teu arco de ouro tuas flechas invencíveis fossem lançadas para nos socorrer, para nos proteger, bem como as tochas ardentes de Diana, com as quais ela percorre as colinas de tua terra. Invocamos também o deus de dourada tiara, que usa o nome de nosso país, Baco, de rubicundas faces, o deus da alegria, para

---

[7] Literalmente, "às plagas do deus ocidental", porque, para os gregos, o Hades, região dos mortos, ficava na zona escura do mundo, isto é, no Ocidente, visto que a luz vinha do Oriente.

[8] Justifica-se essa alegoria, visto que Marte, além de ser deus da guerra, era-o também da peste, a que se refere o sumo sacerdote, em sua primeira fala.

[9] Um dos títulos conferidos ao deus Apolo, por ter nascido na Lícia (cf. Horácio, III, ode IV).

que, com seu cortejo de ninfas, corra também em nosso auxílio, com seu flamejante archote, contra esse deus cruel, que ninguém venera!

Reaparece ÉDIPO, que sai do palácio durante a última estrofe

ÉDIPO

(*Ao Corifeu*) Tu ergues tua súplica; e o que vens pedir aos deuses, a proteção e o alívio a teus males, tu obterás, sem demora, se quiseres ouvir minhas palavras, e agir como se faz mister, em face do flagelo. Estas palavras, dirijo a todos vós, cidadãos, sem que nada saiba acerca do assassínio: sou estranho ao crime, e a tudo o que dele se conta; assim, ouvi o que tenho a vos recomendar. Pouco avançaremos em nossas pesquisas, se não me fornecerdes alguns indícios. Só depois desse atentado é que fui admitido como cidadão entre vós; e por isso a todos vós, tebanos, declaro o seguinte: Quem quer que saiba quem matou Laio, filho de Lábdaco, fica intimado a vir à minha presença para mo dizer; mesmo que receie alguma consequência da denúncia, o criminoso que fale, antecipando uma acusação de outrem, pois nenhuma outra pena sofrerá, senão a de ser exilado do país, sem que sua vida corra perigo. Se alguém sabe que o homicida não é tebano, mas estrangeiro, não deve ocultar essa revelação, pois terá uma recompensa e o meu reconhecimento. Mas se vós silenciais, ou se alguém, por mero temor, deixar de indicar um amigo, ou de se denunciar, eis o que ordeno que se faça, e o que ele deve saber de mim: Que nenhum habitante deste reino, onde exerço o poder soberano, receba esse indivíduo, seja quem for; e não lhe dirija a palavra nem permita que ele participe de preces ou de holocaustos, ou receba a água lustral. Que todos se afastem dele, e de sua casa, porque ele é uma nódoa infamante, conforme acaba de nos revelar o oráculo do deus. Eis aí como quero servir à divindade e ao finado rei. E ao criminoso desconhecido eu quero que seja para sempre maldito! Quer haja cometido o crime só, quer tenha tido cúmplices, que seja rigorosamente punido, arrastando, na desgraça, uma vida miserável... E se algum dia eu o recebi voluntariamente no meu lar, que sobre mim recaia essa maldição e os males que ela trará! Eu vos conjuro, cidadãos! Atendei a tudo o que vos digo, por mim, pelo deus Apolo e por este país que perece na esterilidade e na cólera divina! Ainda que essa purificação não nos fosse prescrita pelo deus, não seria possível deixar que a cidade continuasse poluída, visto que o morto era um homem bom, e era o rei! Ao contrário, deveríamos realizar todas as pesquisas possíveis! Para tanto esforçar-me-ei agora, eu, que herdei o poder que Laio exercia, eu que tive o seu lar, que recebi sua esposa como minha esposa e que teria perfilhado seus filhos, se ele os tivesse deixado! Sim! Por todas essas razões, como se ele fosse meu pai, tudo farei para descobrir o assassino desse filho de Lábdaco, digno descendente de Polidoro, de Cadmo e do lendário Agenor.[10] A todos quantos se recusem a me obedecer, desejo que os deuses lhes neguem todo e qualquer fruto da terra, e prole de suas esposas; e quero que para sempre padeçam de todos os males

---

[10] Segundo a lenda a que se refere Heródoto (1, V, 59), Agenor era um rei da Fenícia. Seu filho Cadmo fundou Tebas, dando seu nome à colina principal e ao recinto fortificado da cidade (Cadmeia). De Cadmo foi filho Polidoro, pai de Lábdaco. A este rei sucedeu o infeliz Laio.

que ora sofremos, e de outros ainda mais cruéis. E a vós, tebanos, que, certamente, aprovais meus desígnios, que a Justiça vos proteja, e que todos os deuses vos sejam propícios!

CORIFEU

Eu te falarei, ó rei, conforme determinas com tuas tremendas maldições. Nenhum de nós foi o matador de Laio; nenhum de nós sabe indicar quem o tenha sido! Que o deus Apolo, que ordenou essa pesquisa, possa revelar-nos quem teria, há tanto tempo já, cometido esse horrendo crime!

ÉDIPO

É justo o que dizes; mas não está em nosso poder coagir a divindade a proceder de forma contrária à sua vontade.

CORIFEU

Nova ideia proporei, além da que já disse.

ÉDIPO

E, se tens uma terceira, fala! Não deixes de a formular!

CORIFEU

Conheço alguém que, quase tanto como Apolo, sabe dos mistérios profundos! É Tirésias. Se o interrogarmos, ó príncipe, ele nos dirá claramente o que se passou.

ÉDIPO

Não esqueci esse recurso; a conselho de Creonte mandei dois emissários procurá-lo. Admira-me que ainda não tenham chegado.

CORIFEU

Todos os rumores que outrora circulavam eram frívolos e antiquados.

ÉDIPO

Que rumores? Eu estimaria conhecer tudo o que então se acreditava.

CORIFEU

Diziam que Laio foi morto por uns viajantes.

ÉDIPO

Também isso ouvi dizer; mas não apareceu uma só testemunha ocular.

CORIFEU

Por muito pouco sensível que o assassino seja ao temor, quando souber da maldição terrível que proferiste, não resistirá!

ÉDIPO

Quem não receou cometer um crime tal, não se deixará impressionar por simples palavras.

O CORO

Acaba de chegar quem tudo nos vai descobrir! Trazem aqui o divino profeta, o único, entre todos os homens, que sabe desvendar a verdade!

Entra TIRÉSIAS, velho e cego, guiado por um menino. Escoltam-no dois servidores de ÉDIPO

ÉDIPO

Ó Tirésias, que conheceis todas as coisas, tudo o que se possa averiguar, e o que deve permanecer sob mistério; os signos do céu e os da terra... Embora não vejas, tu sabes do mal que a cidade sofre; para defendê-la, para salvá-la, só a ti podemos recorrer, ó Rei![11] Apolo, conforme deves ter sabido por meus emissários, declarou a nossos mensageiros que só

---

[11] Tirésias tinha, com efeito, o tratamento de *rei*, prova de que o sacerdócio o igualava aos reis de fato, se não o punha acima deles. Isso explica a altivez e o desassombro com que, por vezes, falava Tirésias a Édipo.

nos libertaremos do flagelo que nos maltrata se os assassinos de Laio forem descobertos nesta cidade, e mortos ou desterrados. Por tua vez, Tirésias, não nos recuses as revelações oraculares dos pássaros, nem quaisquer outros recursos de tua arte divinatória; salva a cidade, salva a ti próprio, a mim, e a todos, eliminando esse estigma que provém do homicídio. De ti nós dependemos agora! Ser útil, quando para isso temos os meios e poderes, é a mais grata das tarefas!

TIRÉSIAS

Oh! Terrível coisa é a ciência, quando o saber se torna inútil! Eu bem assim pensava; mas creio que o esqueci, pois do contrário não teria consentido em vir até aqui.

ÉDIPO

Que tens tu, Tirésias, que estás tão desalentado?

TIRÉSIAS

Ordena que eu seja reconduzido a minha casa, ó rei. Se me atenderes, melhor será para ti, e para mim.

ÉDIPO

Tais palavras, de tua parte, não são razoáveis, nem amistosas para com a cidade que te mantém, visto que lhe recusas a revelação que te solicita.

TIRÉSIAS

Para teu benefício, eu bem sei, teu desejo é inoportuno. Logo, a fim de não agir imprudentemente...

ÉDIPO

Pelos deuses! Visto que sabes, não nos ocultes a verdade! Todos nós, todos nós, de joelhos, te rogamos!

TIRÉSIAS

Vós delirais, sem dúvida! Eu causaria a minha desgraça e a tua!

ÉDIPO

Que dizes?!... Conhecendo a verdade, não falarás? Por acaso tens o intuito de nos trair, causando a perda da cidade?

TIRÉSIAS

Jamais causarei tamanha dor a ti, nem a mim! Por que me interrogas em vão? De mim nada ouvirás!

ÉDIPO

Pois quê! Ó tu, o mais celerado de todos os homens! Tu irritarias um coração de pedra! E continuarás assim, inflexível e inabalável?

TIRÉSIAS

Censuras em mim a cólera que estou excitando, porque ignoras ainda a que eu excitaria em outros! Ignoras... e, no entanto, me injurias!

ÉDIPO

Quem não se irritaria, com efeito, ouvindo tais palavras, que provam quanto desprezas esta cidade!

TIRÉSIAS

O que tem de acontecer, acontecerá, embora eu guarde silêncio!...

ÉDIPO

Visto que as coisas futuras fatalmente virão, tu bem podes predizê-las!

TIRÉSIAS

Nada mais direi! Deixa-te levar, se quiseres, pela cólera mais violenta!

ÉDIPO

Pois bem! Mesmo irritado, como estou, nada ocultarei do que penso! Sabe, pois, que, em minha opinião, tu foste cúmplice no crime, talvez tenhas sido o mandante, embora não o tendo cometido por tuas mãos. Se não fosses cego, a ti, somente, eu acusaria como autor do crime.

TIRÉSIAS

Será verdade? Pois EU! EU é que te ordeno que obedeças ao decreto que tu mesmo baixaste, e que, a partir deste momento, não dirijas a palavra a nenhum destes homens, nem a mim, porque o ímpio que está profanando a cidade ÉS TU!

ÉDIPO

Quê? Tu te atreves, com essa impudência, a articular semelhante acusação, e pensas, porventura, que sairás daqui impune?

TIRÉSIAS

O que está dito, está! Eu conheço a verdade poderosa!

ÉDIPO

Quem te disse isso? Com certeza não descobriste por meio de artifícios!

TIRÉSIAS

Tu mesmo! Tu me forçaste a falar, bem a meu pesar!

ÉDIPO

Mas que dizes, afinal? Não te compreendo bem! Vamos! Repete tua acusação!

TIRÉSIAS

Afirmo QUE ÉS TU o assassino que procuras!

ÉDIPO

Oh! Não repetirás impunemente tão ultrajante acusação!

TIRÉSIAS

Será preciso que eu continue a falar, provocando ainda mais tua cólera?

ÉDIPO

Fala quanto quiseres... O que dizes de nada valerá.

TIRÉSIAS

Pois eu asseguro que te uniste, criminosamente, sem o saber, àqueles que te são mais caros; e que não sabes ainda a que desgraça te lançaste!

ÉDIPO

Crês tu que assim continuarás a falar, sem consequências?

TIRÉSIAS

Certamente! Se é que a verdade tenha alguma força!

ÉDIPO

Sim! Ela a tem; mas não em teu proveito! Em tua boca, ela já se mostra fraca... Teus ouvidos e tua consciência estão fechados, como teus olhos.

TIRÉSIAS

E és tu, ó rei infeliz!, que me fazes ora esta censura... mas um dia virá, muito breve, em que todos, sem exceção, pior vitupério hão de formular contra ti!

ÉDIPO

Tu vives na treva... Não poderias nunca ferir a mim, ou a quem quer que viva em plena luz.

TIRÉSIAS

Não é destino teu cair vítima de meus golpes. Apolo para isso bastará, pois tais coisas lhe competem.

ÉDIPO

Isso tudo foi invenção tua ou de Creonte?

TIRÉSIAS

Creonte em nada concorreu para teu mal; tu somente és teu próprio inimigo.

ÉDIPO

Ó riqueza! Ó poder! Ó glória de uma vida consagrada à ciência, quanta inveja despertais contra o homem a quem todos admiram! Sim! Porque do império que Tebas pôs em minhas mãos sem que eu o houvesse pedido, resulta que Creonte, meu amigo fiel, amigo desde os primeiros dias, se insinua sub-repticiamente sob mim, e tenta derrubar-me, subornando este feiticeiro, este forjador de artimanhas, este pérfido charlatão que nada mais quer senão dinheiro, e que em sua arte é cego. Porque, vejamos: dize tu, Tirésias! Quando te revelaste um adivinho clarividente? Por que, quando a Esfinge propunha aqui seus enigmas, não sugeriste aos tebanos uma só palavra em prol da salvação da cidade? A solução do problema não devia caber a qualquer um; tornava-se necessária a arte divinatória. Tu provaste, então, que não sabias interpretar os pássaros nem os deuses. Foi em tais condições que eu aqui vim ter; eu, que de nada sabia; eu, Édipo, impus silêncio à terrível Esfinge; e não foram as aves, mas o raciocínio o que me deu a solução. Tentas agora afastar-me do poder, na esperança de te sentares junto ao trono de Creonte!... Quer me parecer que a ti, e a teu cúmplice, esta purificação de Tebas vai custar caro. Não fosses tu tão velho, e já terias compreendido o que resulta de uma traição!

CORIFEU

A nosso ver, ó Rei, tanto tuas palavras como as de Tirésias foram inspiradas pela cólera. Ora, não se trata agora de julgar esses debates; o que urge é dar cumprimento ao oráculo de Apolo.

TIRÉSIAS

Se tu possuis o régio poder, ó Édipo, eu posso falar-te de igual para igual! Tenho esse direito! Não sou teu subordinado, mas sim de Apolo; tampouco jamais seria um cliente de Creonte. Digo-te, pois, já que ofendeste minha cegueira, que tu tens os olhos abertos à luz, mas não enxergas teus males, ignorando quem és, o lugar onde estás e quem é aquela com quem vives. Sabes tu, por acaso, de quem és filho? Sabes que és o maior inimigo dos teus, não só dos que já se encontram no Hades, como dos que ainda vivem na terra? Um dia virá em que serás expulso desta cidade pelas maldições maternas e paternas. Vês agora tudo claramente; mas em breve cairá sobre ti a noite eterna. Que asilo encontrarás que não ouça teus gemidos? Que recanto da Terra não vibrará com tuas lamentações quando souberes em que funesto consórcio veio terminar tua antiga carreira? Tu não podes prever as misérias sem conta que te farão igual, na desdita, a teus filhos. E agora... podes lançar toda a infâmia sobre mim, e sobre Creonte, porque nenhum mortal, mais do que tu, sucumbirá ao peso de tamanhas desgraças!

ÉDIPO

Quem poderá suportar palavras tais? Vai-te daqui, miserável! Retira-te, e não voltes mais!

TIRÉSIAS

Eu não teria vindo, se não me chamasses!

ÉDIPO

Nunca pensei que viesses aqui dizer tantas tolices; do contrário, não te mandaria buscar!

TIRÉSIAS

Tu me consideras tolo; mas para teus pais — os que te deram a vida — eu sempre fui ajuizado.

ÉDIPO

Que pais? Espera um momento!... Dize: quem me deu a vida?

TIRÉSIAS

Este dia mesmo far-te-á sabedor de teu nascimento e de tua morte![12]

ÉDIPO

Como é obscuro e enigmático tudo o que dizes!

TIRÉSIAS

Não tens sido hábil na decifração de enigmas?

ÉDIPO

Podes insultar-me... Hás de me engrandecer ainda.

TIRÉSIAS

Essa grandeza é que causa tua infelicidade!

ÉDIPO

Se eu já salvei a cidade... O mais, que importa?

TIRÉSIAS

Eu me retiro. Ó menino! Vem guiar-me!

ÉDIPO

Sim... é prudente que ele te leve! Tua presença me importuna; longe daqui não me molestarás.

TIRÉSIAS

Vou-me embora, sim; mas antes quero dizer o que me trouxe aqui, sem temer tua cólera, porque não me podes fazer mal. Afirmo-te, pois: o homem que procuras há tanto tempo, por meio de ameaçadoras proclamações, sobre a morte de Laio, ESTÁ AQUI! Passa por estrangeiro domiciliado, mas logo se verá que é tebano de nascimento, e ele não se alegrará com essa descoberta. Ele vê, mas tornar-se-á cego; é rico, e acabará mendigando; seus passos o levarão à terra do exílio, onde tateará o solo com seu bordão. Ver-se-á, também, que ele é, ao mesmo tempo, irmão e pai de seus filhos, e filho e esposo

---

[12] "Este dia te dará o nascimento e a morte", diz o original, literalmente, mas a ideia evidente é a de que Édipo iria descobrir na mesma ocasião os dois terríveis lances de sua trágica existência.

da mulher que lhe deu a vida; e que profanou o leito de seu pai, a quem matara. Vai, Édipo! Pensa sobre tudo isso em teu palácio; se me convenceres de que minto, podes, então, declarar que não tenho nenhuma inspiração profética.

Sai TIRÉSIAS
ÉDIPO *entra no palácio*

O CORO

Quem será o infeliz a quem o rochedo fatídico de Delfos designa como autor dos mais monstruosos crimes? Eis o momento em que ele deveria fugir, mais veloz que os rápidos cavalos, e mais impetuoso que a tempestade! Porque, armado com os raios culminantes, Apolo, filho de Júpiter, já se tira contra ele, perseguido pelas inexoráveis Fúrias.

* * *

Do nevoento Parnaso acaba de chegar até nós um brado horrível: que todos persigam, pelo rasto que deixa, esse criminoso desconhecido; ele vagueia pelas florestas, esconde-se nas cavernas, ou galga as montanhas como um touro acuado. Infeliz, sua corrida insana isola-o cada vez mais dos homens; em vão procura fugir aos oráculos que nos vêm, do centro do mundo, e que, eternamente vivos, esvoaçam em torno dele...[13]

* * *

---

[13] A estrofe coral compara o execrado criminoso a um touro, numa fuga interminável, perseguido por um enxame de insetos terríveis. Tal alegoria foi inspirada, naturalmente, pela lenda de Io, que figura no *Prometeu acorrentado*, de Ésquilo.

Terríveis — sim! —, terríveis são as dúvidas que me causam as palavras do hábil adivinho. Não sei se ele está, ou não, com a verdade; não atino o que deva pensar a respeito... Meu espírito vacila, incerto, sem compreender o passado nem o presente.

Que conflito pode haver entre os filhos de Lábdaco e os de Políbio? Nem outrora, nem hoje, nada soubemos que forneça uma prova contra a honorabilidade de Édipo, e que nos leve a vingar, em favor dos Labdácidas, um crime cujo autor se ignora!

★ ★ ★

Mas Júpiter e Apolo são clarividentes; eles conhecem as ações dos mortais; que um adivinho saiba, a tal respeito, mais do que nós, isso é que nada nos garante; só pela inteligência pode um homem sobrepujar outro. Enquanto não se justificar a afirmação do adivinho, não apoiarei os que acusem Édipo. Porque foi perante todos que outrora veio contra ele a virgem alada;[14] vimos bem quanto ele é inteligente, e foi mediante essa prova magnífica que ele se tornou querido pela cidade. Assim, meu espírito nunca o acusará de um crime!

Entra CREONTE, *possuído de forte irritação*

CREONTE

Cidadãos! Acabo de saber que Édipo formulou contra mim gravíssimas acusações, que eu não posso

---

[14] Alusão à Esfinge, com quem Édipo ousara defrontar-se, resolvendo, então, o famoso enigma.

admitir! Aqui estou para me defender! Se, no meio da desgraça que nos aflige, ele supõe que eu o tenha atacado, por palavras ou atos, não quero permanecer sob o vexame de semelhante suspeita, pois para mim isso não seria ofensa de somenos valor, mas sim uma profunda injúria, qual a de ser por vós, e por meus amigos, considerado um traidor!

CORIFEU

Talvez essa acusação injuriosa lhe tenha sido ditada pela cólera momentânea, e não pela reflexão.

CREONTE

Quem teria insinuado a Édipo que por meu conselho o adivinho proferiu aquelas mentiras?

CORIFEU

Realmente, ele assim declarou, mas não sei com que fundamento.

CREONTE

E foi com olhar sereno e raciocínio seguro que ele ergueu tal denúncia?

CORIFEU

Não sei dizer... Não posso penetrar no íntimo dos poderosos; mas... ei-lo que sai do palácio.

Entra ÉDIPO, bruscamente

ÉDIPO

Que vieste fazer aqui? Tens coragem de vir a minha casa, tu, que conspiras contra minha vida e pretendes arrancar-me o poder? Vamos! Dize-me, pelos deuses! Pensas tu, por acaso, que eu seja um covarde, ou um demente, para conceberes tais projetos? Supunhas que eu nunca viesse a saber de tuas ações secretas, e que não as punisse logo que fossem descobertas? Não será intento de um louco pretender, sem riqueza e sem prosélitos, uma autoridade que somente nos podem dar o povo e a fortuna?

CREONTE

Sabes o que importa fazer? Deixa-me responder a tuas palavras de igual para igual, e só me julgues depois de me teres ouvido!

ÉDIPO

Tu és hábil em manobrar a palavra; mas eu não me sinto disposto a ouvir-te, sabendo que tenho em ti um inimigo perigoso.

CREONTE

A tal respeito, ouve o que te quero dizer.

ÉDIPO

Sim; ouvirei; mas não insistas em afirmar que não és culpado.

CREONTE

Tu te enganas, se crês que a teimosia seja uma virtude.

ÉDIPO

E tu não te iludas pensando que ofenderás um parente sem que recebas o devido castigo.

CREONTE

De acordo; tens razão nesse ponto; mas dize-me qual foi a ofensa que te fiz!

ÉDIPO

Foste tu, ou não, quem me aconselhou a mandar vir esse famoso profeta?

CREONTE

Sim; e mantenho minha opinião acerca dele.

ÉDIPO

Há quanto tempo Laio...

CREONTE

Mas que fez ele? Não compreendo!...

ÉDIPO

... Desapareceu, vítima de um assassino?

CREONTE

Já lá se vão muitos anos!

ÉDIPO

E já nesse tempo Tirésias exercitava sua ciência?

CREONTE

Sim; ele já era, então, sábio e respeitado.

ÉDIPO

E, nessa época, disse ele alguma coisa a meu respeito?

CREONTE

Nunca! Pelo menos em minha presença.

ÉDIPO

E vós não fizestes pesquisas a fim de apurar o crime?

CREONTE

Fizemos, certamente, mas nada se descobriu.

ÉDIPO

Como se explica, pois, que esse homem tão hábil não tivesse dito então o que diz hoje?

CREONTE

Não sei; e, quando desconheço uma coisa, prefiro calar-me!

ÉDIPO

Tu não ignoras, no entanto, e deves em plena consciência confessar...

CREONTE

Que devo eu confessar? Tudo o que souber, direi!

ÉDIPO

... Que, se ele não estivesse de conluio contigo, nunca viria dizer que a morte de Laio foi crime por mim cometido.

CREONTE

Que ele disse, tu bem sabes. Mas também eu tenho o direito de te dirigir algumas perguntas.

ÉDIPO

Pois interroga-me! Tu não me convencerás de que haja sido eu o assassino.

CREONTE

Ora vejamos: tu desposaste minha irmã?

ÉDIPO

É impossível responder negativamente a tal pergunta.

CREONTE

E reinas tu neste país com ela, que partilha de teu poder supremo?

ÉDIPO

Sim; e tudo o que ela deseja, eu imediatamente executo.

CREONTE

E não serei eu igualmente poderoso, quase tanto como vós?

ÉDIPO

Sim; e por isso mesmo é que pareces ser um pérfido amigo.

CREONTE

Não, se raciocinares como eu. Examina este primeiro ponto: acreditas que alguém prefira o trono, com seus encargos e perigos, a uma vida tranquila, se também desfruta poder idêntico? Por minha parte, ambiciono menos o título de rei do que o prestígio real; e como eu pensam todos quantos saibam limitar suas ambições. Hoje alcanço de ti tudo quanto desejo: e nada tenho a temer... Se fosse eu o rei, muita coisa, certamente, faria contra a minha vontade... Como, pois, iria eu pretender a realeza em troca de um valimento que não me causa a menor preocupação? Não me julgo tão insensato que venha a cobiçar o que não seja, para mim, ao mesmo tempo honroso e proveitoso. Atualmente, todos me saúdam, todos me acolhem com simpatia; os que algo pretendem de ti, procuram conseguir minha intercessão; para muitos é graças a meu patrocínio que tudo se resolve. Como, pois, deixar o que tenho, para pleitear o que dizes? Tamanha perfídia seria também uma verdadeira tolice! Não me seduz esse projeto; e, se alguém se propusesse a tentá-lo, eu me oporia à sua realização. Eis a prova do que afirmo: vai tu mesmo a Delfos e procura saber se eu não transmiti fielmente a resposta do oráculo. Eis outra indicação: se tu provares que eu estou de concerto com o adivinho, condenar-me-ás à morte não por um só voto, mas por dois: o teu e o meu. Não me acuses baseado em vagas suspeitas, sem me ouvir primeiro. Não é lícito julgar levianamente, como perversos, os homens íntegros, assim como não é justo considerar íntegros os homens desonestos. Rejeitar um amigo fiel, penso eu, equivale a desprezar a própria vida, esse bem tão precioso! O tempo fará com que reconheças tudo isso com segurança, pois só ele nos pode revelar quando os homens são bons, ao passo que um só dia basta para evidenciar a maldade dos maus.

CORIFEU

Para quem, sinceramente, quer evitar a injustiça, ele muito bem te falou, ó rei. É sempre falível o julgamento de quem decide sem ponderação!

ÉDIPO

A fim de revidar um ataque às ocultas urdido contra mim, devo estar pronto, sempre, para a defesa. Se eu esperar tranquilamente, os planos deste homem serão realizados e os meus fracassarão.

CREONTE

Que pretendes tu, nesse caso? Exilar-me do país?

ÉDIPO

Não! É tua morte, e não apenas o desterro o que eu quero.

CREONTE

Mas... quando puderes comprovar que eu conspiro contra ti!

ÉDIPO

Falas como quem se dispõe a não obedecer?

CREONTE

Sim, porque vejo que não estás deliberando com discernimento.

ÉDIPO

Só eu sei o que me convém fazer, no meu interesse.

CREONTE

Mas, nesse caso, também o meu interesse deve ser atendido!

ÉDIPO

Mas tu és um traidor!

CREONTE

E se o que afirmas não for verdade?

ÉDIPO

Seja como for, eu devo ser obedecido!

CREONTE

Não, se ordenares o que não for justo!

ÉDIPO

Ó cidade de Tebas!

CREONTE

Também eu posso convocar a cidade; ela não é tua, exclusivamente!

O CORO

Acalmai-vos, ó príncipes! Muito a propósito vem ter convosco a rainha Jocasta; vejo-a neste momento sair do palácio. Ela dará, certamente, a vosso dissídio, feliz solução.

Entra JOCASTA

JOCASTA

Por que provocastes, infelizes, esse imprudente debate? Não vos envergonhais em discutir questões íntimas, no momento em que atroz calamidade cai sobre o país? Volta a teu palácio, Édipo; e tu, Creonte, a teus aposentos. Não exciteis, com palavras vãs, uma discórdia funesta.

CREONTE

Édipo, teu marido, ó minha irmã, julga acertado tratar-me cruelmente, impondo-me ou o desterro para longe da pátria ou a morte.

ÉDIPO

É verdade, minha esposa. Acusei-o de conspirar contra a minha pessoa.

CREONTE

Que seja eu desgraçado! Que morra maldito se cometi a perfídia de que me acusas!

JOCASTA

Pelos deuses, Édipo, crê no que ele te diz! E crê não só pelo juramento que proferiu, mas também em atenção a mim e a todos quantos estão presentes!

O CORO

Deixa-te persuadir, rei Édipo! Nós te pedimos!

ÉDIPO

Como, e em quê, desejais que eu ceda?

O CORO

Este homem não é criança, Édipo! Se prestou tão solene juramento, respeita-o!

ÉDIPO

Sabeis, acaso, o que ele pretende?

CORIFEU

Eu sei!

ÉDIPO

Explica-te, pois!

CORIFEU

Não acuses por uma vaga suspeita e não lances à desonra um amigo que se votou, ele próprio, à eterna maldição!

ÉDIPO

Sabes que tal pedido equivale a querer minha morte, ou meu exílio para país distante?

CORIFEU

Não! Pelo Deus supremo! Por Hélio! Que eu morra, detestado pelos deuses e pelos homens se tiver semelhante pensamento! Mas a desgraça que me aflige, e a todo o povo de Tebas, já é bastante; não queiramos acrescentar-lhe novos motivos de desgosto!

ÉDIPO

Que ele se retire, pois, ainda que disso resulte minha morte ou meu desterro! Cedo a vosso pedido, ó tebanos! — e não ao dele; só o vosso me comoveu! Creonte, esteja onde estiver, ser-me-á sempre odioso!

CREONTE

Cedeste contra a vontade, vê-se bem; mas sentirás remorsos, quando tua cólera se extinguir. Um caráter como o teu é uma fonte de dissabores.

ÉDIPO

Não me deixarás, finalmente, em paz? Queres, ou não, sair de Tebas?

CREONTE

Sim! Eu partirei! Doravante não me verás, nunca mais! Para os tebanos, porém, serei sempre o mesmo!

Sai CREONTE

CORIFEU

Ó rainha, por que não conduzes teu marido para o palácio?

JOCASTA

Farei o que pedes, quando souber o que se passou.

CORIFEU

Fúteis palavras provocaram vagas suspeitas; ora, mesmo o que carece de fundamento muita vez nos corrói o coração.

JOCASTA

E as ofensas foram recíprocas?

CORIFEU

Oh! Certamente que sim.

JOCASTA

E que diziam eles?

CORIFEU

Melhor fora, ó rainha, encerrar este conflito no ponto em que ficou, pois já nos amargura demais o infortúnio de nosso país.

ÉDIPO

Vês tu a que situação chegamos, apesar de tuas boas intenções? E tudo porque descuraste de meus interesses e deixaste diminuir a afeição que tinhas por mim.

O CORO

Já muitas vezes te dissemos, ó príncipe, que nós seríamos, em nossa própria opinião, loucos e imprudentes se te abandonássemos agora, a ti, que nos puseste no bom caminho quando a pátria sucumbia! Sê, pois, hoje como outrora, o nosso guia!

Momento de silêncio

JOCASTA

Mas, pelos deuses, Édipo, diz-me: por que razão te levaste a tão forte cólera?

ÉDIPO

Vou dizer-te, minha mulher, porque te venero mais do que a todos os tebanos! Foi por causa de Creonte, e da trama que urdiu contra mim.

JOCASTA

Explica-me bem o que houve, para que eu veja se tuas palavras me convencem.

ÉDIPO

Ele presume que tenha sido eu o matador de Laio!

JOCASTA

Mas... descobriu ele isso ou ouviu de alguém?

ÉDIPO

Ele insinuou isso a um adivinho, um simples impostor, porquanto ele próprio nada se atreve a afirmar.

JOCASTA

Ora, não te preocupes com o que dizes; ouve-me, e fica sabendo que nenhum mortal pode devassar o futuro. Vou dar-te já a prova do que afirmo. Um oráculo outrora foi enviado a Laio, não posso dizer se por Apolo em pessoa, mas por seus sacerdotes, talvez... O destino do rei seria o de morrer vítima do filho que nascesse de nosso casamento. No entanto — todo o mundo sabe e garante — Laio pereceu assassinado por salteadores estrangeiros, numa encruzilhada de três caminhos. Quanto ao filho que tivemos, muitos anos antes, Laio amarrou-lhe as articulações dos pés e ordenou que mãos estranhas o precipitassem numa montanha inacessível. Nessa ocasião, Apolo deixou de realizar o que predisse!... Nem o filho de Laio matou o pai nem Laio veio a morrer vítima de um filho, morte horrenda, cuja perspectiva tanto o apavorava! Eis aí como as coisas se passam, conforme as profecias oraculares! Não te aflijas, pois; o que o deus julga que deve anunciar, ele revela pessoalmente!

Momento de silêncio

ÉDIPO

Como esta narrativa me traz a dúvida ao espírito, mulher! Como me conturba a alma!...

JOCASTA

Que inquietação te pode causar esta lembrança do nosso passado?

ÉDIPO

Suponho que disseste ter sido Laio assassinado numa tríplice encruzilhada?

JOCASTA

Sim; disseram então, e ainda agora o afirmam.

ÉDIPO

E onde se deu tamanha desgraça?

JOCASTA

Na Fócida, no lugar exato em que a estrada se biparte nos caminhos que vão para Delfos e para Dáulis.

ÉDIPO

E há quanto tempo aconteceu isso?

JOCASTA

A notícia aqui chegou pouco antes do dia em que foste aclamado rei deste país.

ÉDIPO

Ó Júpiter! Que quiseste fazer de mim?

JOCASTA

Dize-me, Édipo, que é que tanto te impressiona assim?

ÉDIPO

Não me perguntes nada, ainda. Como era então Laio? Que idade teria?

JOCASTA

Era alto e corpulento; sua cabeça começava a branquear. Parecia-se um pouco contigo.[15]

ÉDIPO

Ai de mim! Receio que tenha proferido uma tremenda maldição contra mim mesmo, sem o saber!

JOCASTA

Que dizes tu? Teu semblante causa-me pavor, ó príncipe!

ÉDIPO

Estou aterrado pela suposição de que o adivinho tenha acertado... Mas tu me elucidarás melhor, se acrescentares algumas informações.

JOCASTA

Também eu me sinto inquieta... mas responderei imediatamente a tuas perguntas.

ÉDIPO

Viajava o rei Laio com reduzida escolta ou com um grande número de guardas, como um poderoso soberano que era?

JOCASTA

Ao todo eram cinco os viajantes, entre os quais um arauto. Um só carro conduzia Laio.[16]

---

[15] Esta informação é dada por Jocasta casualmente, bem como a de ter ocorrido o crime numa encruzilhada — meros detalhes sem importância, na aparência, mas que produzem no espírito de Édipo uma impressão de terror, artifício este mais de uma vez usado por Sófocles em suas obras.

[16] Um só carro, menciona o texto grego. *Apene* era o carro de quatro rodas, coberto e preferido para longas viagens.

ÉDIPO

Ah! Agora já se vai esclarecendo tudo… Mas quem te forneceu estas minúcias, senhora?

JOCASTA

Um servo que voltou, o único que conseguiu salvar-se.

ÉDIPO

E vive ainda no palácio, esse homem?

JOCASTA

Não. Quando voltou a Tebas, e viu que tu exercias o poder real, em substituição ao falecido rei Laio, ele me pediu, encarecidamente, que o mandasse para o campo, a pastorear os rebanhos, para que se visse o mais possível longe da cidade. E eu atendi a esse pedido, pois na verdade, mesmo sendo ele um escravo, merecia ainda maior recompensa.

ÉDIPO

Seria possível trazê-lo imediatamente ao palácio?

JOCASTA

Certamente. Mas… para que chamá-lo?

ÉDIPO

É que eu receio, senhora, já ter descoberto muita coisa do que ele me vai dizer.

JOCASTA

Pois ele virá. Mas também tenho o direito de saber, creio eu, o que tanto te inquieta.

ÉDIPO

Não te recusarei essa revelação, visto que estou reduzido a uma última esperança. A quem poderia eu, com mais confiança, fazer uma confidência de tal natureza, na situação em que me encontro?

Momento de silêncio

ÉDIPO

(Prosseguindo, em tom de confidência) Meu pai é Políbio, de Corinto; minha mãe, Mérope, uma dória. Eu era considerado como um dos mais notáveis cidadãos de Corinto, quando ocorreu um incidente fortuito, que me devia surpreender, realmente, mas que eu talvez não devesse tomar tanto a sério, como fiz. Um homem, durante um festim, bebeu em demasia, e, em estado de embriaguez, pôs-se a insultar-me, dizendo que eu era um filho enjeitado. Possuído de justa indignação, contive-me naquele momento, mas no dia imediato procurei meus pais e interroguei-os a respeito. Eles irritaram-se contra o autor da ofensa, o que muito me agradou, pois o fato me havia impressionado profundamente. À revelia de minha mãe, e de meu pai, fui ao templo de Delfos; mas, às perguntas que propus, Apolo nada respondeu, limitando-se a anunciar-me uma série de desgraças, horríveis e dolorosas; que eu estava fadado a unir-me em casamento com minha própria mãe, que apresentaria aos homens uma prole malsinada, e que seria o assassino de meu pai, daquele a quem devia a vida. Eu, diante de tais predições, resolvi, guiando-me apenas pelas estrelas, exilar-me para sempre da terra coríntia, para viver num lugar onde nunca se pudessem realizar — pensava eu — as torpezas que os funestos oráculos haviam prenunciado. Caminhando, cheguei ao lugar onde tu dizes que o rei pereceu. A ti, mulher, vou dizer a verdade, do princípio ao fim.[17] Seguia eu minha rota, quando cheguei àquela tríplice encruzilhada;

---

[17] É de capital importância esta passagem. *"Kai ooi yunai"*, diz o poeta (e a ti, mulher...). Esse tratamento íntimo mostra que toda essa revelação de Édipo só devia ser ouvida por Jocasta, como se o narrador falasse em voz baixa.

ali, surgem-me pela frente, em sentido contrário, um arauto, e logo após, um carro tirado por uma parelha de cavalos, e nele um homem tal como me descreveste. O cocheiro e o viajante empurraram-me violentamente para fora da estrada. Furioso, eu ataquei o cocheiro; nesse momento passava o carro a meu lado, e o viajante chicoteou-me na cara com o seu duplo rebenque. Ah! Mas ele pagou caro essa afronta; ergui o bordão com que viajava e bati-lhe com esta mão; ele caiu, à primeira pancada, no fundo do carro. Atacado, matei os outros.[18] Se aquele velho tinha qualquer relação com Laio, quem poderá ser mais desgraçado no mundo do que eu? Que homem será mais odiado pelos deuses? Nenhum cidadão, nenhum forasteiro o poderá receber em sua casa, nem dirigir-lhe a palavra... Todos terão que me repelir... E o que é mais horrível é que eu mesmo proferi essa maldição contra mim! A esposa do morto, eu a maculo tocando-a com minhas mãos, porque foram minhas mãos que o mataram... Não sou eu um miserável, um monstro de impureza? Não é forçoso que me exile, e que, exilado, não mais possa voltar à minha pátria de origem, nem ver os que me eram caros, visto que estou fadado a unir-me à minha mãe e a matar meu pai, a Políbio, o homem que me deu a vida e me criou? Não pensaria bem

---

[18] Conforme Apolodoro, é de supor que a cena se tenha passado assim: O arauto ia na frente, afastado do carro. Para trás, a alguma distância, vinham os servos. Encontrando Édipo, o cocheiro ordena-lhe que saia do caminho; Édipo não atende imediatamente a semelhante intimação. O cocheiro força-o brutalmente a saltar de lado, para não ser esmagado. Laio agride-o com o chicote; Édipo, indignado, reage com o bordão, atingindo o velho com uma só pancada na cabeça, o que faz cair o rei, para não mais se erguer. Forte como era, Édipo fere, então, o cocheiro, e, em seguida, luta com o arauto e com um dos servos, que correram em defesa do velho rei. O outro escravo, ao ver o que ocorria, fugiu.

aquele que afirmasse que meu destino é obra de um deus malvado e inexorável? Ó Potestade divina, não e não! Que eu desapareça dentre os humanos antes que sobre mim caia tão acerba vergonha!

CORIFEU

Também a nós, ó rei! Também a nós tudo isso emociona; mas tem esperança, aguardando a testemunha que tudo esclarecerá!

ÉDIPO

Oh! Sim! É a única esperança que me resta, a palavra desse pastor que aí vem.

JOCASTA

E por que a presença desse homem te poderá tranquilizar?

ÉDIPO

Vou dizer-te já: se o seu depoimento coincidir com o que disseste, eu estou salvo!

JOCASTA

Que revelação teria sido essa, tão importante, que ouviste de mim?

ÉDIPO

Conforme declaraste há pouco, esse homem dissera que Laio foi assassinado por salteadores. Se ele persistir em tal afirmativa, não teria sido eu o assassino, pois ninguém confunde um homem só com vários. Mas se ele se referir a um só agressor, é evidente que fui eu o autor do crime!...

JOCASTA

Sim! Certamente! Ele o disse, e não poderá agora negar seu testemunho! Todo o povo o ouviu, então; não fui eu a única. No entanto, ainda que mude agora sua narração, nunca poderá provar que a morte de Laio foi obra tua, visto que pelo oráculo de Apolo o rei devia morrer às mãos de meu filho; ora, esse filho infeliz não poderia ter ferido Laio, porque morreu antes dele. Em tal caso, eu não daria mais nenhum valor aos oráculos!... [19]

ÉDIPO

Tens razão. Manda, pois, chamar esse escravo, sem demora.

JOCASTA

Vou mandar, imediatamente! Mas entremos no palácio. Nada quero fazer que te desagrade.

Saem ÉDIPO *e* JOCASTA

O CORO

Possa eu conservar a mais santa pureza, quer em minhas palavras, quer em minhas ações! Possa eu obedecer na vida às leis sublimes, instituídas pela Providência Divina, da qual é o Olimpo o supremo pai! Não as criou a natureza mortal dos humanos, e nunca as apagará o sono do esquecimento; vive nelas uma potestade divina, a que a velhice não pode atingir.

O orgulho é que produz o tirano;[20] e quando tiver em vão acumulado excessos e imprudências, precipitar-se-á do fastígio de seu poder num abismo de males, de onde não mais poderá sair! Mas suplicamos ao deus que não cesse a campanha pela

---

[19] "... eu não observaria mais à direita nem à esquerda", diz Jocasta no texto de Sófocles. Essa afirmação, porém, significava que ela não mais acreditaria nos oráculos, uma vez que no caso da morte de Laio a profecia oracular teria falhado completamente.

[20] Estas passagens do coro não se entendem com Édipo; os intérpretes mais autorizados concordam em ver nessa parte da tragédia uma alusão ao estado político de Atenas, ao tempo da dominação de Alcibíades.

salvação da cidade; a divindade será sempre a nossa protetora.

A todo aquele que se mostrar prepotente por suas ações ou por suas palavras: que não venera santuários, nem respeita a Justiça — que uma funesta morte o castigue, punindo-o por sua insolência! Se ele fizer fortuna, pelo sacrilégio e pela impiedade, quem mais quererá manter o domínio de sua alma? Se tão nefandos crimes merecem honrarias, de que vale entoar cânticos em louvor dos deuses? Não mais iremos ao santuário central da terra a fim de prestar culto ao deus, nem ao templo de Abê, nem a Olímpia, se esses oráculos não mais se realizarem, de modo que possam ser citados como exemplo a todos os homens. Ó deus todo-poderoso, se mereces esse título, Zeus, senhor supremo, que isso não passe despercebido a teu poder imortal; se de nada valeram os oráculos enviados a Laio, serão desprezados; Apolo não mais será honrado com o devido esplendor, e o culto dos deuses desaparecerá!

Entra JOCASTA *com suas damas de companhia*

JOCASTA

Senhores desta cidade, tive a ideia de levar aos templos dos deuses estas coroas e estes perfumes. Édipo continua perturbado por inquietação terrível... Recusa-se a interpretar de modo sensato os oráculos novos de acordo com os antigos; ao contrário, confia em quantos lhe venham dizer coisas apavorantes! Visto que por minhas súplicas nada consegui de ti, Apolo Lício, que és o deus mais próximo de nós, irei, como suplicante, com estes dons votivos, para que, dissipando todas as sombras do terror, nos tragas a tranquilidade. Todos nós nos sentimos amedrontados, como marinheiros que veem o seu piloto em desatino.

Enquanto ela depõe suas oferendas, surge um MENSAGEIRO

MENSAGEIRO

Poderíeis dizer-me, ó estrangeiros, onde fica o palácio do rei Édipo? Dizei-me, sobretudo: Onde está o rei?

CORIFEU

Seu palácio, ei-lo aqui. O rei está em seus aposentos. Aqui está a rainha, sua esposa e mãe de seus filhos.[21]

MENSAGEIRO

Que viva sempre feliz, a esposa legítima desse homem!

JOCASTA

E que o mesmo aconteça a ti, peregrino, porque bem o mereces, por tuas bondosas palavras. Mas dize por que vieste, e que notícias nos queres anunciar.

MENSAGEIRO

Coisas favoráveis para tua casa e teu marido, senhora.

JOCASTA

De que se trata? De onde vens tu?

MENSAGEIRO

De Corinto. A notícia que te trago ser-te-á muito agradável; sem dúvida que o será; mas pode também causar-te alguma contrariedade.

JOCASTA

Mas que notícia será essa, que produz, assim, um duplo efeito?

---

[21] Esposa... e mãe... O verso em que o Corifeu faz esta apresentação presta-se a um duplo efeito, pois a pausa após a palavra "esposa" deixa perceber que Jocasta é, ao mesmo tempo, esposa e mãe de Édipo, antecipando assim a personagem a revelação terrível.

MENSAGEIRO

Os cidadãos do Istmo[22] resolveram aclamar rei a Édipo, segundo dizem todos.

JOCASTA

Quê? O venerando Políbio já não exerce o poder?

MENSAGEIRO

Não... A morte levou-o à sepultura.

JOCASTA

Que dizes tu? Morreu Políbio?

MENSAGEIRO

Que eu pereça já, se não for a pura verdade!

JOCASTA

Mulher, corre! Vai, ligeira, dar esta notícia ao rei. Oh! Que será dos oráculos sagrados! Foi com receio de matar esse homem que Édipo se exilou; e agora se vê que não foi morto por Édipo, mas sim pelo destino!

Entra ÉDIPO

ÉDIPO

Jocasta, minha querida esposa, por que me mandaste chamar?

JOCASTA

Ouve o que diz este homem, e vê de que valem os oráculos do deus!

ÉDIPO

Quem é ele, e que novas nos traz?

JOCASTA

Acaba de chegar de Corinto, e comunica-nos que Políbio, teu pai, deixou de viver.

ÉDIPO

Que dizes, estrangeiro?! Fala tu mesmo!

---

[22] Por cidadãos do Istmo se designavam os habitantes de Corinto.

MENSAGEIRO

Se deve ser essa a minha primeira declaração, eu a confirmo; sabe que teu pai faleceu.

ÉDIPO

Foi vítima de alguma traição ou por enfermidade?

MENSAGEIRO

Por pequeno que seja, um abalo moral pode matar um homem idoso.

ÉDIPO

Pelo que vejo, ele morreu em consequência de alguma doença.

MENSAGEIRO

Ele já não era jovem!

ÉDIPO

Ora eis aí, minha mulher! Para que, pois, dar tanta atenção ao solar de Delfos e aos gritos das aves no ar? Conforme o oráculo, eu devia matar meu pai; ei-lo já morto, e sepultado, estando eu aqui, sem ter sequer tocado numa espada... A não ser que ele tenha morrido de desgosto, por minha ausência... caso único em que eu seria o causador de sua morte! Morrendo, levou Políbio consigo o prestígio dos oráculos; sim! Os oráculos já não têm valor algum!

JOCASTA

E não era isso o que eu dizia, desde muito tempo?

ÉDIPO

Sim; é a verdade; mas o medo me apavorava.

JOCASTA

Doravante não lhes daremos mais atenção.

ÉDIPO

Mas... não deverei recear o leito de minha mãe?

JOCASTA

De que serve afligir-se em meio de terrores, se o homem vive à lei do acaso, e se nada pode prever ou pressentir! O mais acertado é abandonar-se ao destino. A ideia de que profanarás o leito de tua mãe te aflige; mas tem havido quem tal faça em sonhos... O único meio de conseguir a tranquilidade de espírito consiste em não dar importância a tais temores.

ÉDIPO

Terias toda a razão se minha mãe não fosse viva; mas, visto que ela vive ainda, sou forçado a precaver-me, apesar da justiça de tuas palavras.

JOCASTA

No entanto, o túmulo de teu pai já é um sossego para ti!

ÉDIPO

Certamente! Mas sempre receio aquela que vive.

MENSAGEIRO

E quem é a mulher que te causa esses temores?

ÉDIPO

É Mérope, ó velho; que era casada com Políbio.

MENSAGEIRO

E que tem ela, para provocar tantas apreensões?

ÉDIPO

É um oráculo dos deuses, estrangeiro! Um oráculo terrível.

MENSAGEIRO

Podes revelar-me esse oráculo, ou é vedado a outros conhecê-lo?

ÉDIPO

Pois vais saber: Apolo disse um dia que eu me casaria com minha própria mãe e derramaria o sangue de meu pai. Eis aí por que resolvi, há muitos anos, viver longe de Corinto... Tive razão; mas é tão agradável contemplar o rosto de nossos pais!

MENSAGEIRO

E foi por causa desses receios que te exilaste de lá?

ÉDIPO

Também porque não queria ser o assassino de meu pai, ó velho!

MENSAGEIRO

Oh! Por que não te livrei eu de tais cuidados, eu, que sempre te quis bem?

ÉDIPO

Seguramente, eu te recompensaria por tamanho benefício, como seria de justiça!

MENSAGEIRO

E foi precisamente por isso que aqui vim ter, para que, depois de teu regresso a Corinto, eu possa colher algum proveito.

ÉDIPO

Mas eu não irei residir com os meus parentes, em caso algum!

MENSAGEIRO

Meu filho, vê-se bem que não sabes o que fazes!

ÉDIPO

Por que dizes isso, velho? Pelos deuses, explica-te!

MENSAGEIRO

Se é por esse motivo que não queres retornar a tua casa...

ÉDIPO

Receio que Apolo venha a ser um deus que realmente diga a verdade.

MENSAGEIRO

Temes, pois, praticar um crime de incesto em teu lar?

ÉDIPO

É isso tão somente, ó velho, o que me assusta!

MENSAGEIRO
Sabes, por acaso, que esse receio absolutamente não se justifica?

ÉDIPO
Como não? Pois se eles foram meus progenitores...

MENSAGEIRO
Políbio nenhum parentesco de sangue tinha contigo!

ÉDIPO
Que dizes?!... Políbio não era meu pai?

MENSAGEIRO
Era-o tanto como eu; nem mais, nem menos!

ÉDIPO
E como se explica que meu pai tenha sido para mim o que é um estranho qualquer?

MENSAGEIRO
É que ele não era teu pai, como eu não sou!

ÉDIPO
E por que me considerava, então, seu filho?

MENSAGEIRO
Porque há muitos anos ele te recebeu, de minhas mãos!

ÉDIPO
E apesar de me ter assim recebido, queria-me tanto bem!

MENSAGEIRO
Eu explico: até então ele não tinha tido filhos...

ÉDIPO
E tu me tinhas achado, ou comprado, quando fui por ti entregue a ele?

MENSAGEIRO
Eu te havia encontrado na grota do Citéron.

ÉDIPO
Que fazias tu nesses lugares?

MENSAGEIRO

    Eu apascentava ali um rebanho montanhês.

ÉDIPO

    Eras, então, pastor, e trabalhavas por conta de alguém?

MENSAGEIRO

    Sim... e fui o teu salvador, meu filho!

ÉDIPO

    E de que mal sofria eu, quando me encontraste em tão miserável situação?

MENSAGEIRO

    As articulações de teus pés poderiam dar a prova disso...

ÉDIPO

    Que antiga dor tu me recordas assim!

MENSAGEIRO

    Eu te desamarrei; tu tinhas as extremidades dos pés furadas.

ÉDIPO

    Oh! Que horrível cicatriz eu conservei desses primitivos anos!

MENSAGEIRO

    Daí proveio o nome que te demos.[23]

ÉDIPO

    Dize-me — pelos deuses! — quem ordenou tal coisa: meu pai ou minha mãe?

MENSAGEIRO

    Não sei dizer; mas aquele que te deixou em minhas mãos certamente saberá.

ÉDIPO

    Tu me recebeste, então, de outro? Não me encontraste abandonado?

---

[23] Édipo, em grego, significa pés inchados.

MENSAGEIRO

    Não; foi um pastor que te entregou a mim.

ÉDIPO

    Quem é ele? Podes indicá-lo?

MENSAGEIRO

    Ele se dizia servo de Laio.

ÉDIPO

    Do antigo rei deste país?

MENSAGEIRO

    Precisamente! Era um pastor desse rei.

ÉDIPO

    Vive ainda esse homem? Ser-me-á possível vê-lo?

MENSAGEIRO

    (Aos coreutas) Vós, que viveis nesta cidade, certamente podereis responder melhor do que eu!

ÉDIPO

    (Aos coreutas) Há, entre vós, quem conheça o pastor a quem ele se refere, ou que o tenha visto no campo, ou na cidade? Respondei, pois é este o momento em que deve ser esclarecido esse caso.

O CORO

    Suponho que se trata do camponês que tu queres ver; mas Jocasta é quem pode certificar-te a respeito.

ÉDIPO

    (A Jocasta) Senhora, acreditas que o homem a quem mandamos há pouco chamar seja o mesmo a quem este mensageiro se refere?

JOCASTA

    De quem te falou ele? Ora... não penses nisso; o que ele diz não tem importância alguma.

ÉDIPO

    É impossível que com tais indícios eu não descubra, afinal, a verdade acerca de meu nascimento.

JOCASTA

    Pelas divindades imortais! Se tens amor a tua vida, abandona essa preocupação. *(À parte)* Já é bastante o que eu sei para me torturar.

ÉDIPO

    Tranquiliza-te! Mesmo que eu tivesse sido escravo desde três gerações, tu não serás humilhada por isso!

JOCASTA

    Não importa! Escuta-me! Eu te suplico! Não insistas nessa indagação!

ÉDIPO

    Em caso algum desistirei de elucidar esse mistério.

JOCASTA

    No entanto, é para teu bem que assim te aconselho.

ÉDIPO

    Acredito... mas esses conselhos teus há muito me importunam!

JOCASTA

    Infeliz! Tomara que tu jamais venhas a saber quem és!

ÉDIPO

    (Aos coreutas) Afinal, vai ou não vai alguém procurar esse pastor? Deixemo-la orgulhar-se de sua opulenta hierarquia!

JOCASTA

    Ai de ti, mísero infeliz! Eis o único título que te posso dar; e nunca mais te tratarei de outra forma!

Sai JOCASTA. *Momento de silêncio*

CORIFEU

    Por que razão, ó rei, tua esposa se retira, possuída de tamanho desespero? Receio bem que dessa estranha atitude possam provir novos dissabores.

ÉDIPO

Que venha o que vier, mas minha origem, por humilde que seja, eu quero conhecer! Ela, sem dúvida, orgulhosa como mulher, envergonha-se por meu baixo nascimento. Eu, porém, considero-me um protegido da Fortuna, e por isso não me sentirei amesquinhado. Sim, ela é que é minha mãe;[24] e os anos, que foram passando, ora me diminuíam, ora me exaltavam... Tal é minha origem; nada mais poderá modificá-la. Por que, pois, haveria eu de renunciar a descobrir o segredo de meu nascimento?

O CORO

Se eu posso devassar o futuro, e se tenho lúcido o espírito, ó Citéron, tu não verás a próxima lua cheia sem que te veneremos, a ti, como compatriota de Édipo, como seu protetor e pai; nós te festejaremos em danças sagradas, como benfeitor de nossos soberanos. Ó Febo complacente, que minhas palavras te agradem!

Qual teria sido, ó meu filho, destas virgens imortais, a que te concebeu, depois de se ter unido a Pã, teu pai, que erra nas montanhas, ou depois de ter sido amada por Lóxias? Todas as plantas silvestres lhe são queridas! Talvez Mercúrio que domina o Cilênio, ou o deus Baco, que vive nas colinas, te haja recebido como filho por algumas das ninfas do Hélicon, com as quais eles costumam folgar!

Aproxima-se o velho pastor de Laio, conduzido por dois servos de ÉDIPO

---

[24] Nota-se, de novo, o dúbio sentido que se pode dar a esta frase de Édipo, que refere à Fortuna, evidentemente.

ÉDIPO

Amigos, se me é lícito fazer conjeturas acerca de um homem a quem nunca vi, creio que vem ali o pastor a quem há tanto tempo procuramos. Sua idade está de acordo com a do mensageiro; os dois homens que o acompanham, eu os reconheço; são servos meus. *(Ao Corifeu)* — Tu, porém, que o deves ter visto anteriormente, deves saber mais do que eu.

CORIFEU

Sim; eu o conheço, fica-o sabendo. Ele pertencia a Laio; e era o seu mais dedicado servidor.

ÉDIPO

(Ao Mensageiro) Quero que me digas agora, ó mensageiro de Corinto; é esse o homem de quem falavas?

MENSAGEIRO

É ele mesmo! Ei-lo diante de ti!

ÉDIPO

Ó velho, olha bem para mim, e responde a todas as perguntas que te vou propor. Pertenceste outrora a Laio?

O SERVO

Sim; eu era seu escravo; mas ele não me adquiriu; eu fui criado em seu palácio.

ÉDIPO

Que fazias tu? Qual era tua ocupação?

O SERVO

Por quase toda a minha vida tenho sido pastor.

ÉDIPO

Em que sítios permanecias com mais frequência?

O SERVO

Ora andava pelo Citéron, ora pelas terras próximas.

ÉDIPO

Lembras-te de já ter visto este homem?

O SERVO

    Mas que fazia ele? De quem me falas tu?

ÉDIPO

    Deste, que aqui está! Já o encontraste alguma vez?

O SERVO

    Não posso responder já... Não me recordo bem...

MENSAGEIRO

    Isso não me surpreende, senhor! Ele não se recorda, mas eu vou reavivar sua lembrança. Estou certo de que ele me conheceu no Citéron, ele com dois rebanhos e eu com um só, fomos vizinhos durante três semestres inteiros, da Primavera até reaparecer o Arcturo.[25] Depois, voltei para meus estábulos, e ele foi para os apriscos de Laio. Está certo? Não foi isto mesmo?

O SERVO

    Dizes bem... Mas isso foi já há muito tempo!

MENSAGEIRO

    Vejamos agora: lembras-te de me haver confiado uma criança para que eu a criasse, como meu próprio filho?

O SERVO

    Que dizes tu? Por que me perguntas isso?

MENSAGEIRO

    Eis aqui, meu amigo, aquele que era então um menino pequenino!

O SERVO

    Desgraçado! Por que não te calas?

ÉDIPO

    Não te irrites contra ele, meu velho! São as tuas palavras, e não as dele, que merecem a nossa indignação.

---

[25] A estrela a que se refere o mensageiro aparece, realmente, alguns dias antes do equinócio do outono. O período indicado abrange, pois, seis estações completas, ou seja, 18 meses.

O SERVO

    Que mal fiz eu, bondoso rei?

ÉDIPO

    Não respondeste o que devias a propósito do menino a quem ele se refere.

O SERVO

    Ele fala sem saber, e perde seu tempo.

ÉDIPO

    Pois se não responderes por bem, responderás à força!

O SERVO

    Eu te suplico — pelos deuses! —, não faças mal a um velho!

ÉDIPO

    Que um de vós lhe amarre imediatamente as mãos às costas!

O SERVO

    Que desgraçado que sou! Por que me fazes isso? Que queres tu saber?

ÉDIPO

    A criança de quem se trata, tu lhe entregaste?

O SERVO

    Sim! Melhor fora que nesse dia eu morresse!

ÉDIPO

    Pois é o que te acontecerá hoje, se não confessares a verdade!

O SERVO

    Mas... com mais certeza ainda, se eu disser a verdade, estou perdido!

ÉDIPO

    Quer me parecer que este homem procura evasivas.

O SERVO

    Não! Eu te disse, ó rei; que realmente eu lhe dei a criança.

ÉDIPO

E de quem a recebeste? Era tua? Foi-te entregue por alguém?

O SERVO

Não... Não era minha... Eu a recebi de uma pessoa...

ÉDIPO

De que cidadão tebano? De que família?

O SERVO

Em nome dos deuses eu te peço, ó rei, não me perguntes mais nada!

ÉDIPO

Tu és um homem morto se eu tiver de repetir essa pergunta!...

O SERVO

Pois bem! Aquele menino nasceu no palácio de Laio!

ÉDIPO

Era um escravo? Era um descendente dele, ou de sua família?

O SERVO

Ai de mim! Isso é que me será horrível dizer!

ÉDIPO

E para mim será horrível ouvir! Fala, pois! Assim é preciso!

O SERVO

Diziam que era filho dele próprio. Mas aquela que está no interior de tua casa, tua esposa, é quem melhor poderá dizer a verdade.

ÉDIPO

Foi ela que te entregou a criança?

O SERVO

Sim, rei.

ÉDIPO

E para quê?

O SERVO

    Para que eu a deixasse morrer.

ÉDIPO

    Uma mãe fez isso! Que desgraçada!

O SERVO

    Assim fez, temendo a realização de oráculos terríveis...

ÉDIPO

    Que oráculos?

O SERVO

    Aquele menino deveria matar seu pai, assim diziam...

ÉDIPO

    E por que motivo resolveste entregá-lo a este velho?

O SERVO

    De pena dele, senhor! Pensei que este homem o levasse para sua terra, para um país distante... Mas ele o salvou da morte para maior desgraça! Porque, se és tu quem ele diz, sabe que tu és o mais infeliz dos homens!

ÉDIPO

    Oh! Ai de mim! Tudo está claro! Ó luz, que eu te veja pela derradeira vez! Todos sabem: tudo me era interdito: ser filho de quem sou, casar-me com quem me casei... e... e... eu matei aquele a quem eu não poderia matar!

Desatinado, ÉDIPO corre para o interior do palácio; retiram--se os dois pastores; a cena fica vazia por algum tempo

O CORO

    Ó gerações de mortais, como vossa existência nada vale a meus olhos! Qual a criatura humana que já conheceu felicidade que não seja a de parecer feliz, e que não tenha recaído após, no infortúnio, finda aquela doce ilusão? Em face de seu destino tão cruel, ó desditoso Édipo, posso afirmar que não há felicidade para os mortais!

★ ★ ★

Tuas ambições, ergueste-as bem alto, e chegaste a possuir a mais promissora riqueza. Ó Júpiter! Só ele pôde vencer a horrenda Esfinge, de garras aduncas e de cantos enigmáticos;[26] e assim apresentou-se diante de nós como uma torre de defesa contra a morte. Desde então, ó Édipo, nós fizemos de ti nosso rei, e, consagrado pelas mais altas honrarias, foste o senhor supremo da poderosa Tebas.

★ ★ ★

E agora, quem pode haver no mundo que seja mais miserável? Quem terá sofrido, no decurso da vida, mais rude abalo, precipitando-se no abismo da mais tremenda ignomínia? Ilustre e querido Édipo, tu que no leito nupcial de teu pai foste recebido como filho, e como esposo dize: como por tanto tempo esse abrigo paterno te pôde suportar em silêncio?

★ ★ ★

Só o tempo, que tudo vê, logrou, enfim, ao cabo de tantos anos, condenar esse himeneu abominável, que fez de ti pai, com aquela de quem eras filho!

---

[26] O texto grego diz: "... de cantos oraculares", certamente porque os enigmas eram propostos em versos do mesmo tipo dos hexâmetros em que se redigiam as respostas do oráculo.

Filho de Laio, prouvera aos deuses que nunca te houvéramos visto! Condoído, eu choro tua desgraça, com lamentações da mais sincera dor! No entanto, para dizer-te a verdade, foi graças a ti que um dia pudemos respirar tranquilos e dormir em paz!

Entra um EMISSÁRIO, que vem do interior do palácio

EMISSÁRIO

Ó vós, que sereis sempre os chefes mais respeitados deste país, se ainda prezais a família de Lábdaco, ides ouvir tristes notícias, receber profundos golpes e sofrer lutuosos desgostos! Creio que nem as águas do Íster nem as do Fásio seriam bastantes para purificar esta casa, tais e tantos são os crimes que nela se praticaram! Sabereis de novas desgraças, voluntárias, e não impostas; e os males que nós próprios nos causamos são precisamente os mais dolorosos!

CORIFEU

Nada falta, ao que já sabemos, para que nos sintamos todos profundamente penalizados. No entanto, dize: que novas calamidades nos anuncias?

EMISSÁRIO

Uma coisa fácil de dizer, como de ouvir: Jocasta, a nossa rainha, já não vive!

CORIFEU

Oh! Que infeliz! Qual foi a causa de sua morte?

EMISSÁRIO

Ela resolveu matar-se... E o mais doloroso vos foi poupado: vós não vistes o quadro horrendo de sua morte. Dir-vos-ei, no entanto, como sofreu a infeliz. Alucinada, depois de transpor o vestíbulo, atirou-se em seu leito nupcial, arrancando os cabelos em desespero. Em seguida, fechou violentamente as portas e pôs-se a chamar em altos brados por Laio, recordando a imagem do filho que ela teve há tantos anos, o filho sob cujos golpes deveria o pai morrer, para que ela tivesse novos filhos, se é que estes merecem tal nome! Presa da maior angústia, ela se lastimava em seu leito, onde, conforme dizia, tivera uma dupla e criminosa geração. Como teria morrido, não sei dizer, pois Édipo, aos gritos, precipitou-se com tal fúria, que não pude ver a morte da rainha. Todos os nossos olhares voltaram-se para o rei, que, desatinado, corria ao acaso, ora pedindo um punhal, ora reclamando notícias da rainha, não sua esposa, mas sua mãe, a que deu à luz ele e a seus filhos. No seu furor invocou um deus — não sei dizer qual, pois isto foi longe de mim! Então, proferindo imprecações horríveis, como se alguém lhe indicasse um caminho, atirou-se no quarto. Vimos então, ali, a rainha, suspensa ainda pela corda que a estrangulava... Diante dessa visão horrenda, o desgraçado solta novos e lancinantes brados, desprende o laço que a sustinha, e a mísera mulher caiu por terra. A nosso olhar se apresenta, logo em seguida, um quadro ainda mais atroz: Édipo toma seu manto, retira dele os colchetes de ouro com que o prendia, e com a ponta recurva arranca das órbitas os olhos, gritando: "Não quero mais ser testemunha de minhas desgraças nem de meus crimes! Na treva, agora, não mais verei aqueles a quem nunca deveria ter visto nem reconhecerei aqueles que não quero mais reconhecer!" Soltando novos gritos, continua a revolver e macerar suas pálpebras sangrentas, de cuja cavidade o sangue rolava até o queixo[27] e não em gotas, apenas, mas num jorro abundante. Assim confundiram, marido e mulher, numa só desgraça, as suas desgraças! Outrora gozaram uma herança de felicidade; mas agora nada mais resta senão a maldição, a morte, a vergonha, não lhes faltando um só dos males que podem ferir os mortais.

CORIFEU

E o desgraçado rei está mais tranquilo agora?

EMISSÁRIO

Ele grita que lhe abram as portas; que mostrem a todos os tebanos o parricida, o filho que... nem posso repetir-vos, cidadãos, as palavras sacrílegas que ele pronuncia... Quer sair, em rumo do exílio; não quer continuar no palácio depois da maldição terrível que ele mesmo proferiu. No entanto, ele precisa de um guia, e de um apoio, pois seu mal é grande demais para que sozinho o suporte. Ele aí vem, e vo-lo mostrará. Ides ver um espetáculo que comoveria o mais feroz inimigo...

Entra ÉDIPO, ensanguentado e com os olhos vazados

CORIFEU

Ó sofrimento horrível de ver-se! Eis o quadro mais horripilante que jamais tenho presenciado em minha vida! Que loucura — ó infeliz! — caiu sobre ti? Que divindade levou ao cúmulo o teu destino sinistro,

---

[27] Que Édipo se houvesse ferido com um simples colchete do manto real, não admira, visto que essa peça do vestuário grego era muito maior que os atuais colchetes, e bastante forte para ser assim utilizada. Heródoto conta em suas histórias (V, 87) que as atenienses mataram um covarde servindo-se dos próprios colchetes de suas roupas como punhais. Para isso bastava forçar a fita metálica, dando-lhe a forma de um gancho ou estilete pontiagudo.

esmagando-te ao peso de males que ultrapassam a dor humana?

Oh! Como és infeliz! Não tenho coragem, sequer, para volver meus olhos e contemplar-te assim; no entanto, eu quereria ouvir-te, interrogar-te e ver-te! Tal é o arrepio de horror que tu me causas!

ÉDIPO

(Caminhando sem rumo certo) Pobre de mim! Para onde irei? Para que país? Onde se fará ouvir a minha voz? Ó meu destino, quando acabarás de uma vez?!...

CORIFEU

Numa miséria extrema, que não poderemos ver nem imaginar!

ÉDIPO

Ó nuvem sombria, execrável treva que caiu sobre mim, escuridão pavorosa e sem remédio! Ai de mim! Como me traspassam as dores do meu sofrimento e a lembrança de meu infortúnio!

CORIFEU

No meio de tanta amargura é natural que te lamentes, infeliz, como vítima de duas desgraças.

ÉDIPO

Tu és o único amigo que me resta, visto que tens pena deste mísero cego... Eu sei que estás aí... Na escuridão em que estou, reconheço tua voz!

CORIFEU

Que horrível coisa fizeste, ó Édipo! Como tiveste coragem de ferir assim os olhos? Que divindade a isso te levou?

ÉDIPO

Foi Apolo! Sim, foi Apolo, meus amigos, o autor de meus atrozes sofrimentos! Mas ninguém mais me arrancou os olhos; fui eu mesmo! Desgraçado de mim! Para que ver, se já não poderia ver mais nada que fosse agradável a meus olhos?

CORIFEU

Realmente! É como dizes!

ÉDIPO

Que mais posso eu contemplar, ou amar, na vida? Que palavra poderei ouvir com prazer? Oh! Levai-me para longe daqui, levai-me depressa para bem longe. Eu sou um réprobo, um maldito, a criatura mais odiada pelos deuses entre os mortais!

CORIFEU

Como inspiras piedade, pelo sentimento, que tens, de tua sorte infeliz! Ah! Bom seria que eu nunca te houvesse conhecido!

ÉDIPO

Que morra aquele que, na deserta montanha, desprendeu meus pés feridos e salvou-me da morte, mas salvou-me para minha maior desgraça! Ah! Se eu tivesse então perecido, não seria hoje uma causa de aflição e horror para mim e para todos!

CORIFEU

Também eu assim preferiria!

ÉDIPO

Eu não teria sido o matador de meu pai, nem o esposo daquela que me deu a vida! Mas... os deuses me abandonaram: fui um filho maldito, e fecundei no seio que me concebeu! Se há um mal pior que a desgraça, coube esse mal ao infeliz Édipo!

CORIFEU

Teria sido razoável tua resolução, ó Édipo? Não sei dizer, na verdade, se te seria preferível a morte a viver na cegueira.

ÉDIPO

Não queiras convencer-me de que eu deveria ter agido de outra forma! Não me dês conselhos! Não sei como poderia defrontar-me, no Hades, com meu pai, ou com minha infeliz mãe, porque cometi contra eles crimes que nem a forca poderia punir! E o semblante de meus filhos, nascidos como foram, como me seria possível contemplar? Não! Nunca mais poderia eu vê-los, nem ver a cidade, as muralhas, as estátuas sagradas dos deuses! Pobre de mim! Depois de ter gozado em Tebas uma existência gloriosa, dela me privei voluntariamente, quando a todos vós ordenei que expulsassem da cidade o sacrílego, aquele que os deuses declararam impuro, da raça de Laio! Descoberta, em mim mesmo, essa mancha indelével, ser-me-ia lícito contemplar os cidadãos tebanos sem baixar os olhos? Ah! Certamente que não! E se fosse possível evitar que os sons nos penetrassem pelos ouvidos, eu privaria também da audição este miserável corpo, para que nada mais pudesse ver nem ouvir — pois deve ser um alívio ter o espírito insensível às próprias dores!...

Momento de silêncio

Ó Citéron, por que me recolheste? Por que, quando me deste abrigo, não me tiraste a vida? Assim eu nunca revelaria aos homens o segredo do meu nascimento. Ó Políbio, ó cidadão de Corinto, velho palácio que eu supunha ser o meu lar paterno, quantos opróbrios deixastes crescer comigo, sob a aparente beleza que os ocultava! Porque hoje sou um criminoso, e descendente de criminosos, todo o mundo o sabe! Ó tríplice encruzilhada! Vale sombrio, bosques de carvalhos, vós que absorvestes o sangue que era meu — o sangue de meu pai! —, que eu próprio derramei, lembrai-vos acaso dos crimes que então cometi, e dos que pratiquei mais tarde? Ó funesto himeneu, a que devo a vida, e que me facultou germinar pela segunda vez a mesma semente; por que mostraste um dia um pai irmão de seus filhos, filhos irmãos de seu pai, e uma esposa que era também mãe de seu marido?! Quanta torpeza pôde ocorrer entre criaturas humanas! Vamos! Não fica bem relembrar o que é hediondo fazer-se; apressai-vos — pelos deuses! — em esconder-me longe daqui, seja onde for! Matai-me, atirai-me ao mar, ou num abismo onde ninguém mais me veja! Aproximai-vos: não vos envergonheis de tocar num miserável; crede, e não temais; minha desgraça é tamanha, que ninguém mais, a não ser eu, pode sequer imaginá-la!

CORIFEU

Aí vem Creonte! No momento oportuno, para fazer certamente o que tu pedes, ou dar-te conselhos mais prudentes. Só ele, com efeito, resta para te substituir no governo da cidade.

ÉDIPO

Que lhe hei de dizer? Que posso eu dele esperar, eu, que fui tão injusto para com ele?

Entra CREONTE

CREONTE

Não venho aqui para te insultar, Édipo, nem para censurar teus erros de outrora. Mas vós, tebanos, se não respeitais a hierarquia dos homens, ao menos em consideração pela chama sagrada de Hélio, que anima a natureza, não deveis exibir assim sem um manto este ser impuro, a quem nem a chuva nem a luz podem beneficiar. Conduzi este homem, imediatamente, ao interior do palácio; só entre os parentes, e deles tão somente é que há sentimentos de piedade ao ver e ouvir os males dos que lhes são caros.

ÉDIPO

Em nome dos deuses! Visto que, contra minha expectativa, mostras tanta generosidade para com o maior dos criminosos, escuta-me! É no teu interesse que vou falar.

CREONTE

E que queres tu obter de mim?

ÉDIPO

Manda-me para fora deste país o mais depressa possível! Para um lugar onde ninguém me veja e que eu não possa dirigir a palavra a nenhum ser humano!

CREONTE

Eu já teria agido assim, fica-o sabendo, se não preferisse, antes de tudo, consultar o deus acerca do que convém que se faça.

ÉDIPO

Mas a resposta é perfeitamente conhecida; o parricida, o ímpio, é urgente matar.

CREONTE

Sim; é o que se diz... mas na situação em que nos achamos, é melhor saber exatamente o que se deve fazer.

ÉDIPO

Resolveste, então, consultar o oráculo por causa de um miserável?

CREONTE

E desta vez tu hás de dar crédito à sua resposta!

ÉDIPO

Pois bem: eu te peço agora que tu mesmo dês sepultura, como julgares conveniente, àquela que jaz no palácio... Certamente cumprirás esse dever piedoso para quem tinha o mesmo sangue teu... Quanto a mim, não queiras que a cidade de meu pai me tenha como habitante, enquanto eu vivo for; ao contrário, deixa-me ir para as montanhas, para o Citéron, minha triste pátria, que meus genitores escolheram para meu túmulo — para que eu morra por lá, como eles queriam que eu morresse. Aliás, eu bem compreendo que não será por doença, ou coisa semelhante, que terminarei meus dias; nunca foi alguém salvo da morte, senão para que tenha qualquer fim atroz. Mas que meu destino siga seu curso! Quanto a meus filhos, Creonte, não te preocupes com os rapazes; são homens, e, onde quer que estejam, não lhes faltarão meios de vida. Mas de minhas infelizes filhas, tão dignas de piedade, para quem nunca foi posta a mesa sem que eu estivesse ao lado, e que de minhas mãos recebiam sempre um pouco do alimento que para mim se preparava, oh!, tem pena delas, eu te peço, e consente que eu ainda as acaricie com estas mãos e que ainda deplore com elas a nossa desdita! Eu te conjuro, ó rei de tão nobre raça! Tocando-lhes com as mãos, eu acreditarei que as vejo, como no tempo em que as via realmente... Mas... que estou dizendo? Creio ouvir, ó deuses!, o choro de minhas filhas!... Creonte, foi de pena de mim que mandaste chamar minhas filhas? Será verdade?

CREONTE

Sim... fui eu que as mandei chamar; compreendi o desejo que sentes, e que tanto te preocupava.

Entram ANTÍGONA *e* ISMÊNIA, *muito jovens, conduzidas por uma escrava. Elas se aproximavam do pai*

ÉDIPO

Ora bem! Sê feliz, Creonte! Porque as mandastes vir até aqui, que os deuses te protejam, mais do que a mim! Onde estais vós, minhas filhinhas? Vinde ter comigo... Vinde a estas mãos... fraternas! Foram elas que, como vedes, privaram de luz os olhos, outrora tão brilhantes, de vosso pai! Eu nada via... e nada sabia, minhas filhas; mas eu vos dei a vida no mesmo seio do qual eu próprio havia nascido... E choro por vós, porque nunca mais vos verei, e porque penso nas amarguras que tereis de suportar pela vida além... A que assembleias de tebanos, a que festas solenes podereis comparecer, sem que volteis com os olhos banhados de lágrimas, impedidas de vê-las? E quando atingirdes a idade florida do casamento, quem será... sim! — quem será bastante corajoso para receber todos os insultos, que serão um eterno flagelo para vós e para vossa prole? Que mais falta para vossa infelicidade? Vosso pai? Mas ele matou seu pai, casou-se com sua mãe, e desse consórcio é que vós nascestes. Eis as injúrias com que vos perseguirão... Quem vos quererá por esposa? Ninguém! Ninguém, minhas filhas! Tereis de viver na solidão e na esterilidade. Filho de Meneceu, visto que tu serás doravante o único pai que elas terão — porquanto sua mãe e eu, que lhes demos a vida, já não viveremos! —, não deixes que estas meninas sejam obrigadas a vaguear, mendigando; não consintas que sua desgraça se agrave em consequência da minha. Tem pena delas, vendo-as, tão jovens, privadas de todo o apoio, exceto o que lhes concederes. Dá-me um sinal de teu assentimento, homem generoso;

    toca-me com tua mão!... E vós, minhas filhas, se me pudésseis compreender, eu vos daria conselhos; procurai sempre ter uma existência mais feliz do que a de vosso pai, onde quer que possais viver!

CREONTE

Já choraste demais; volta agora ao palácio!

ÉDIPO

Sou forçado a obedecer, bem a meu pesar!

CREONTE

Tudo aquilo que se faz a tempo, dá bom resultado.

ÉDIPO

Sabes sob que condição eu irei?

CREONTE

Dize, pois! Quando as ouvir, ficarei sabendo.

ÉDIPO

Tu me banirás deste país.

CREONTE

O que pedes, só o deus te pode conceder.

ÉDIPO

Mas eu sempre fui odiado pelas divindades!

CREONTE

Em tal caso, alcançarás o que desejas.

ÉDIPO

O que dizes é verdade?

CREONTE

Não me agrada dizer o que não penso.

ÉDIPO

Leva-me para longe daqui!

CREONTE

Vem, pois... Deixa estas crianças!

ÉDIPO

Oh! Não me prives disso, não! Eu te peço!

CREONTE

Não queiras satisfazer todas as tuas vontades, Édipo! Bem sabes que tuas vitórias anteriores não te asseguraram a felicidade na vida!

ÉDIPO, conduzido por CREONTE, entra, vagarosamente, no palácio; acompanham-no as duas meninas e os servos do rei

CORIFEU

Habitantes de Tebas, minha Pátria! Vede este Édipo, que decifrou os famosos enigmas! Deste homem, tão poderoso, quem não sentirá inveja? No entanto, em que torrente de desgraças se precipitou! Assim, não consideremos feliz nenhum ser humano, enquanto ele não tiver atingido, sem sofrer os golpes da fatalidade, o termo de sua vida.

ANTÍGONA

Sófocles e a *Antígona*

Sófocles, conforme tivemos ensejo de assinalar, foi o jovem corifeu que, aos 15 anos, dirigiu o canto comemorativo da vitória de Salamina. Nasceu no mais belo recanto de Atenas, o bairro de Colono; desempenhou funções públicas de grande realce; privou da amizade de Péricles e, no ano 440 a.C., foi nomeado guarda dos tesouros da Acrópole, cargo para cujo desempenho se exigia uma honorabilidade acima de qualquer suspeita.

Seus biógrafos mencionam, como um dos títulos que o impuseram à estima de seus contemporâneos, a circunstância de ter sido um belo homem, no físico e no moral, tendo tido a rara fortuna de atingir os noventa anos de idade sem que houvesse sofrido até então nenhuma enfermidade grave. E tão lúcido era seu espírito, já nonagenário, que, segundo se conta, tendo um de seus filhos requerido aos juízes sua interdição, para que lhe fosse vedado gerir seus bens, o poeta, como única defesa, provou à saciedade achar-se em pleno domínio de suas energias mentais, lendo um dos cantos corais da tragédia *Édipo em Colono*, que então compunha.

É possível que Sófocles tenha produzido mais de cem tragédias, mas somente sete se conhecem, e por elas podemos ter a medida dos talentos do autor. Vinte vezes obteve Sófocles o primeiro prêmio nos concursos realizados durante os jogos solenes, concorrendo a princípio com Ésquilo e mais tarde com Eurípedes.

Nas peças de Sófocles nota-se a redução sensível da ação do coro, ao passo que se amplia a das personagens e de seus diálogos. Outra inovação que lhe é atribuída consistiu na apresentação de grandes painéis pintados, precursores dos atuais cenários, dando ao público melhor impressão do episódio por sua realização em local adequado, como a tenda de Ajax, o palácio de Micenas e a gruta de Filocteto.

Diminui, igualmente, no teatro de Sófocles, a influência dos deuses; a tragédia torna-se mais humana e mais moral; o herói já não será tão cruelmente, como em Ésquilo, ferido pela fatalidade, mas, sim, reage e reabilita-se, comprovada e reconhecida sua inocência. Édipo, nas tragédias de Sófocles, apesar do desespero em que se debate, não perde a serenidade do raciocínio e a energia de sua vontade.

Na *Antígona*, imagina o autor, de acordo, aliás, com a tradição mitológica, que, após a desgraça de Édipo, seus dois filhos, Etéocles e Polinice disputam a posse do trono. Trava-se a luta, perecendo no mesmo dia os dois irmãos, ambos mortalmente feridos no duelo que travaram. Creonte, impondo-se então como tirano de Tebas, resolve prestar honras fúnebres a Etéocles, ao passo que proíbe, sob pena de morte, que se dê sepultura ao corpo de Polinice, para que fique exposto às aves carniceiras aquele que recorreu à aliança com os argivos para conquistar o poder em sua terra.

Antígona, exemplo comovente de amor fraternal, resolve expor-se ao perigo, e, contrariando o decreto do tirano, presta ao infeliz Polinice, seu irmão, aquele piedoso serviço. Toda a tragédia resulta desse rasgo de heroísmo da jovem, a quem o cruel Creonte condena à morte, apesar das súplicas de seu filho Hémon. Quando o rei cede, afinal, temendo os presságios do adivinho Tirésias, já é tarde; a heroína estava morta. Suicida-se o jovem Hémon; e sua mãe, Eurídice, não resiste à dor que lhe causa a perda do filho estremecido.

A *Antígona* é uma das mais perfeitas peças de Sófocles, e, sem dúvida, a que mais condiz e se harmoniza com os sentimentos modernos.

ANTÍGONA

PERSONAGENS

ANTÍGONA
ISMÊNIA
CORO DOS VELHOS TEBANOS
CREONTE
UM GUARDA
HÉMON
TIRÉSIAS
EURÍDICE
UM ENVIADO
UM MENSAGEIRO

Na ágora de Tebas, diante do palácio de ÉDIPO,
onde reina agora CREONTE
Clareia o dia

ANTÍGONA

Ismênia, minha querida irmã, companheira de meu destino, de todos os males que Édipo deixou, suspensos, sobre a sua descendência, haverá algum com que Júpiter ainda não tenha afligido nossa vida infeliz? Não há provação — sem falar de outras desditas nossas — por mais funesta, ou ignominiosa, que não se encontre em nossa comum desgraça! Ainda hoje — que quererá dizer esse édito que o rei acaba de expedir e proclamar por toda a cidade? Já o conheces, sem dúvida. Não sabes da afronta que nossos inimigos preparam para aqueles a quem mais prezamos?

ISMÊNIA

Ó Antígona, nenhuma notícia, agradável ou funesta, chegou a meu conhecimento, depois da perda de nossos dois irmãos, mortalmente feridos, em luta, um pelo outro!... Tendo fugido, esta noite, o exército dos argivos, nada mais vejo que possa concorrer para aumentar nossa felicidade, nem nossas desditas.

ANTÍGONA

Eu já o sabia... Chamei-te até aqui, fora do palácio, para que só tu possas ouvir o que tenho a te dizer.

ISMÊNIA

Que há, pois? Tu me pareces preocupada!

ANTÍGONA

Certamente! Pois não sabes que Creonte concedeu a um de nossos irmãos, e negou ao outro, as honras da sepultura? Dizem que inumou Etéocles, como era de justiça e de acordo com os ritos, assegurando-lhe um lugar condigno entre os mortos, ao passo que, quanto ao infeliz Polinice, ele proibiu aos cidadãos que encerrem o corpo num túmulo e sobre este derramem suas lágrimas. Quer que permaneça insepulto, sem homenagens fúnebres, e presa de aves carniceiras. Tais são as ordens que a bondade de Creonte impõe a mim, como também a ti, e, eu o afirmo: ele próprio virá a este sítio comunicá-las a quem ainda as ignore. Disso faz ele grande empenho, e ameaça, a quem quer que desobedeça, de ser apedrejado pelo povo. Tu ouviste o que eu te disse: virá o dia em que veremos se tens sentimentos nobres ou se desmentes teu nascimento.

ISMÊNIA

Mas, minha pobre irmã, em tais condições, em que te posso eu valer, quer por palavras, quer por atos?

ANTÍGONA

Quererás auxiliar-me? Agirás de acordo comigo?

ISMÊNIA

A que perigos pensas arriscar-te ainda? Que pretendes fazer?

ANTÍGONA

Ajudarás estes meus braços a transportar o cadáver?

ISMÊNIA

Queres tu, realmente, sepultá-lo, embora isso tenha sido vedado a toda a cidade?

ANTÍGONA

Uma coisa é certa: Polinice era meu irmão, e teu também, embora recuses o que eu te peço. Não poderei ser acusada de traição para com o meu dever.

ISMÊNIA

Infeliz! Apesar da proibição de Creonte?

ANTÍGONA

Ele não tem o direito de me coagir a abandonar os meus!

ISMÊNIA

Ai de nós! Pensa, minha irmã, em nosso pai, como morreu esmagado pelo ódio e pelo opróbrio, quando, inteirado dos crimes que praticara, arrancou os olhos com as próprias mãos! E também em sua mãe e esposa, visto que foi ambas as coisas — que pôs termo a seus dias com um forte laço! Em terceiro lugar, em nossos irmãos, no mesmo dia perecendo ambos, desgraçados, dando-se à morte reciprocamente! E agora, que estamos a sós, pensa na morte ainda mais terrível que teremos se contrariarmos o decreto e o poder de nossos governantes! Convém não esquecer ainda que somos mulheres, e, como tais, não podemos lutar contra homens; e, também, que estamos submetidas a outros, mais poderosos, e que nos é forçoso obedecer a suas ordens, por muito dolorosas que nos sejam. De minha parte, pedindo a nossos mortos que me perdoem, visto que sou obrigada, obedecerei aos que estão no poder. É loucura tentar aquilo que ultrapassa nossas forças!

ANTÍGONA

Não insistirei mais; e, ainda que mais tarde queiras ajudar-me, já não me darás prazer algum. Faze tu o que quiseres; quanto a meu irmão, eu o sepultarei! Será um belo fim, se eu morrer tendo cumprido esse dever.[28] Querida, como sempre fui, por ele, com ele repousarei no túmulo... com alguém a quem amava; e meu crime será louvado, pois o tempo que terei para agradar aos mortos é bem mais longo do que o consagrado aos vivos... Hei de jazer sob a terra eternamente!... Quanto a ti, se isso te apraz, despreza as leis divinas!

ISMÊNIA

Não! Não as desprezo; mas não tenho forças para agir contra as leis da cidade.

ANTÍGONA

Invoca esse pretexto; eu erguerei um túmulo para meu irmão muito amado!

ISMÊNIA

Ah! Pobre infeliz! Eu me aflijo por ti![29]

ANTÍGONA

Não temas por minha vida; trata de salvar a tua.

---

[28] "Belo, para mim, que em seguida morra...", diz o original grego.
[29] "Infeliz, tremo por tua causa" seria mais literal.

ISMÊNIA

Ao menos, não digas a ninguém o que vais fazer; guarda segredo, que eu farei o mesmo.

ANTÍGONA

Não! Fala! Tu me serás mais odiosa silenciando do que se disseres a todos os que eu quero fazer.

ISMÊNIA

Tu pareces desejar, com o coração ardente, o que nos causa calafrios de pavor![30]

ANTÍGONA

Só sei que cumpro a vontade daqueles a quem devo agradar.

ISMÊNIA

Se tu o fizeres... mas o que desejas é impossível!

ANTÍGONA

Quando me faltarem as forças, eu cederei!

ISMÊNIA

Mas não é prudente tentar o que é irrealizável!

ANTÍGONA

Visto que assim me falas, eu te odiarei! E serás odiosa, também, ao morto, junto a quem serás um dia depositada... E com razão! Vamos! Deixa-me, com minha temeridade, afrontar o perigo! Meu sofrimento nunca há de ser tão grande, quanto gloriosa será minha morte!

ISMÊNIA

Já que assim queres, vai! Bem sabes que cometes um ato de loucura, mas provas tua dedicação por aqueles a quem amas!

---

[30] Belo emprego de antítese, a cujo respeito se tem lembrado, como influência longínqua de Sófocles, o conhecido verso de Racine: *"Ainsi je brûle en vain, pour une âme glacée..."*

Sai ANTÍGONA; ISMÊNIA *entra no palácio. Entra* O
CORO, *composto de anciões e tebanos, e saúda o sol que nasce*

O CORO

Ó luz do Sol, a mais radiosa que jamais brilhou sobre a Tebas das Sete Portas, eis que enfim ressurges,[31] fanal do dia que começa por sobre as fontes do Dirceu![32] Ao guerreiro de escudo prateado, vindo de Argos, e disposto a lutar, tu o fizeste fugir cavalgando mais veloz do que quando veio![33]

O CORIFEU

Trouxe-o Polinice a nossa terra, excitado por discórdias domésticas; e, qual águia que investe soltando agudos gritos, ele caiu sobre o país. Vinha coberto de uma plumagem branca como a neve; numerosas eram suas armas; e seus capacetes se ornavam de crinas ondulantes.

O CORO

Ele pairou sobre nossos lares, com as garras aduncas; ele cercou, com suas lanças mortíferas, as sete entradas de Tebas; mas fugiu antes que se pudesse saciar em nosso sangue; antes que Hefaístos, com suas tochas resinosas, tivesse tomado as torres que defendem a cidade — tão horrendo foi o fragor com que Marte rugiu entre os argivos, e que tornou invencível o dragão que os veio combater!

---

[31] Nas tragédias *Ajax*, *Antígona* e *Electra* era de praxe iniciar-se a cena ao romper da manhã, para que a ode do coro fosse realmente dirigida ao verdadeiro sol.

[32] Dirceu, ou Dircê, era o rio que fornecia água a Tebas.

[33] Estes versos e as estrofes seguintes referem-se ao exército de Argos, com o qual Adrasto foi intervir na luta civil tebana, em favor de Polinice. Vencido, o rei argivo foi obrigado a recuar.

O CORIFEU

Tudo porque Júpiter detesta a presunçosa jactância de uma língua altaneira; e, ao vê-los aproximando-se como uma avalancha imensa, orgulhosos com o retinir de suas armas, ele brandiu sua chama invencível, e derrubou, de nossas cumeeiras, o invasor já pronto a gritar: "Vitória!"

O CORO

E ele caiu por terra, qual novo Tântalo, com as tochas nas mãos; no delírio de um ardor frenético, ele se havia atirado com o ímpeto da mais furiosa tempestade! Mas foi baldado seu esforço! Os golpes do poderoso Marte, nosso aliado, deram-lhe outro destino!

O CORIFEU

Sete Chefes, lutando diante das Sete Portas, combatendo iguais contra iguais, deram a Júpiter, vitorioso, o tributo de suas armas de bronze; ao passo que dois infelizes, filhos do mesmo pai e da mesma mãe, ergueram, um contra o outro, suas lanças soberanas, e deram-se reciprocamente à morte!

O CORO

Mas a gloriosa vitória veio, enfim! E recompensou o amor que lhe dedica Tebas, a cidade possuidora de numerosos carros! A guerra acabou; esqueçamo-la, pois! Visitemos todos, os templos dos deuses, e seja nosso guia Baco, que faz tremer a terra tebana!

O CORIFEU

Eis que se aproxima o rei deste país, Creonte, filho de Meneceu, nosso novo soberano, depois dos acontecimentos que os deuses suscitaram. Traz ele em mente algum projeto; e, para isso, convocou, por uma ordem geral, esta Assembleia de Anciãos.

Entra CREONTE, *com numeroso séquito*

CREONTE

Cidadãos! Os deuses, depois que esta cidade foi rudemente abalada por um vendaval, deram-nos a segurança e a calma! Fostes aqui reunidos por meus arautos, porque sempre venerastes o trono de Laio, bem assim durante o reinado de Édipo, e, mesmo após sua morte, conservastes constante fidelidade a seus filhos. Visto que esses filhos, por um duplo destino, pereceram no mesmo dia, ferindo e feridos ambos por suas próprias mãos criminosas, cabe-me ocupar o trono, e exercer o poder dos que já não vivem, pelo direito que me advém do parentesco que a eles me ligava. Ora, é impossível conhecer a alma, o sentir e o pensar de quem quer que seja, se não o vimos agir, com autoridade, aplicando as leis.[34] Em minha opinião, aquele que, como soberano de um Estado, não se inclina para as melhores decisões, e se abstém de falar, cedendo a qualquer temor, é um miserável! Quem preza a um amigo mais do que à própria Pátria, esse merece desprezo! Que Júpiter, que tudo vê, saiba que não me calarei se vir a ruína, e não o bem-estar de nosso povo; e jamais considerarei meu amigo quem for um inimigo de meu país! Obedecendo a estes princípios é que desejo promover a felicidade de Tebas. E com esse mesmo espírito ordenei fosse tornado público o meu decreto concernente aos filhos de Édipo: Etéocles, que, lutando em prol da cidade, morreu com inigualável bravura, seja, por minha ordem expressa, devidamente sepultado; e que se lhe consagrem todas

---

[34] Tal máxima é atribuída a Bias: "O exercício do poder põe um homem à prova."

as oferendas que se depositam sob a terra para os mortos mais ilustres! Quanto a seu irmão — quero dizer: Polinice —, que só retornou do exílio com o propósito de destruir totalmente, pelo fogo, o país natal e os deuses de sua família, ansioso por derramar o sangue dos seus e reduzi-los à escravidão, declaro que fica terminantemente proibido honrá-lo com um túmulo, ou lamentar sua morte; que seu corpo fique insepulto, para que seja devorado por aves e cães e se transforme em objeto de horror. Eis aí como penso; jamais os criminosos obterão de mim qualquer honraria. Ao contrário, quem prestar benefícios a Tebas terá de mim, enquanto eu viver, e depois de minha morte, todas as honras possíveis!

O CORIFEU

Assim te agrada tratar, ó Creonte, filho de Meneceu, o inimigo e o amigo deste país! Tu és o senhor, e a ti compete impor a lei que te convier, tanto aos vivos como aos mortos.

CREONTE

Zelai, agora, pela fiel execução de minhas ordens.

O CORIFEU

Aos mais jovens deves confiar esse encargo.

CREONTE

Já tenho servos encarregados de guardar o morto.

O CORIFEU

Que mais nos ordenas, então?

CREONTE

Que não tenhais piedade para com aqueles que infringirem minhas ordens!

O CORIFEU

Ninguém é louco a ponto de desejar a morte!

CREONTE

Tal será, com efeito, a consequência. Mas, pela ambição que estimula, o desejo do ganho muita vez põe a perder os homens...

Entra um pobre homem, um dos guardas encarregados de zelar pelo cadáver de Polinice

O GUARDA

Príncipe, eu não direi que o ardor me fatigou, nem que me apressei em vir ter aqui. Muita vez, em caminho, hesitante parei, a fim de refletir, e me voltei, disposto a desistir. Meu espírito a mim mesmo dizia: "Por que vais, desgraçado, aonde serás castigado assim que chegares?" Ou então: "Infeliz! Tu ficas aí? E se Creonte souber disso por um outro, como serás punido?" Assim pensando, retardei-me num percurso que me pareceu longo... Resolvi, por último, vir de qualquer forma; e, posto que pouco tenha a dizer, falarei, seja como for! Chego animado pela esperança de que nada me acontecerá que não seja a vontade do destino!

CREONTE

Mas que é que te causa tanta perturbação?

O GUARDA

Antes de tudo, quero declarar-te o que me diz respeito: não fui eu que fiz a coisa, não sei quem a fez, e portanto não é justo que eu sofra o menor mal!

CREONTE

Mas quanta prudência! Como te cercas de precauções! Trazes, certamente, alguma novidade!

O GUARDA

O que não agrada, a gente hesita em dizer.

CREONTE

Afinal, falas ou não? Decide-te, para que te retires em seguida!

O GUARDA

Nesse caso, eu falo. Um desconhecido acaba de sepultar o corpo de Polinice, e desapareceu, depois de ter depositado terra seca sobre a sepultura, realizando os ritos necessários.

CREONTE

Que dizes tu? Quem teve tamanha audácia?

O GUARDA

Não sei! Em parte alguma se ouviu a pancada da enxada, ou de cavadeiras; a terra é dura e seca, sem fendas, sem sinal das rodas; o culpado não deixou vestígios. Quando o primeiro guarda do dia ia entrar em serviço, descobriu o que estava feito, e todos nós ficamos estarrecidos pela surpresa! Não se via o morto, embora não estivesse enterrado, mas apenas coberto por uma camada de terra. Nenhum vestígio de cão ou de animal feroz que o tivesse arrastado. Nós, os guardas, proferimos recíprocas injúrias, cada qual acusando os demais, agredindo-nos mutuamente, sem que surgisse alguém para nos acalmar. Na verdade, cada um é um pouco culpado; mas ninguém disso queria convencer-se, todos alegando ignorar como aquilo aconteceu. Já nos dispúnhamos a tomar nas mãos o ferro em brasa e a saltar sobre o fogo, a fim de jurar pelos deuses como nenhuma culpa nos cabia… que não sabíamos quem ordenou nem quem executou aquilo. Por último, como nada adiantávamos com essas discussões, alguém falou de modo que nos convenceu a todos, e, temerosos, curvamos a cabeça… Não podíamos contradizer nem sugerir ideia melhor para que nos safássemos do perigo. O que se propunha é que viéssemos contar-te tudo o que se passara, nada te ocultando. Tal opinião prevaleceu. E a mim que sou mesmo um caipora, designou-me a sorte para tomar a meu cargo essa ótima comissão... Eis por que venho à tua presença, bem contra a minha e a tua vontade, visto que ninguém gosta de um portador de ruins notícias.

O CORIFEU

Ó príncipe... Não teriam os deuses resolvido que isso acontecesse? É o que estou pensando desde algum tempo.

CREONTE

Cala-te, antes que me irrites com tais palavras, se não queres passar por imbecil, ou por caduco! Dizes coisas revoltantes, admitindo que os deuses se interessem por esse morto! Seria para honrá-lo com a sepultura, que eles inumaram esse homem, tratando como um benemérito a quem veio disposto a incendiar os templos, com os tributos que lhes eram prestados, e para revolucionar seu país e as leis? Por acaso já viste honrarem os deuses a criminosos? Seria absurdo! Mas, das ordens que hei dado tem havido, desde algum tempo,[35] cidadãos que as ouvem de má vontade, e, logo que delas têm conhecimento, murmuram contra mim, sacodem a cabeça, às ocultas, em sinal de desacordo, e não querem sujeitar-se, como convém, à minha autoridade. Foram esses, eu sei muito bem! — os que corromperam os guardas e os induziram a fazer o

---

[35] Os intérpretes da *Antígona* discordam quanto à inteligência dessa frase de Creonte. A opinião mais aceitável, porém, é a que confere certo azedume à expressão "desde algum tempo", que o Corifeu já havia empregado, e o rei, intencionalmente, repete.

que fizeram! Não há, para os homens, invenção mais funesta do que o dinheiro! Ele é que corrompe as cidades, afasta os homens de seus lares, seduz e conturba os espíritos mais virtuosos, e os arrasta à prática das mais vergonhosas ações! Em todos os tempos tem ensinado torpezas e impiedades! Quem quer que haja premeditado esse crime, mais cedo ou mais tarde, será punido! Pois quê! Se Júpiter é venerado por mim — fica-o sabendo tu, pois afirmo-o sob juramento! —, se não descobrirdes quem deu sepultura ao morto, se não trouxerdes o culpado à minha presença, o Hades não será bastante para vos receber! Sereis suspenso, em vida, até que confesseis vosso crime. Sabereis, assim, de que mãos se deve receber o dinheiro, e aprendereis que nem de tudo se deve esperar imerecido proveito. Os ganhos ilícitos têm causado muito maior número de prejuízos do que de vantagens!

O GUARDA

Permites que te diga ainda uma palavra, ou devo retirar-me?

CREONTE

Não sabes que tua voz me é insuportável?

O GUARDA

É só aos ouvidos, ou no íntimo da alma, que minha voz te faz mal?

CREONTE

Não vejo para que indicar o lugar exato onde sinto esse desgosto!

O GUARDA

É que... o criminoso te feriu o coração; eu, somente os ouvidos!

CREONTE

Parece-me, na verdade, que tu nasceste para tagarela!

O GUARDA

Sim; mas não fui eu que pratiquei o crime!

CREONTE

Embora! Vendeste-te por dinheiro, com certeza!

O GUARDA

É curioso como um homem que presume tudo descobrir, descobre coisas que não existem!

CREONTE

Podes, agora, gracejar acerca do que eu descubro, ou não; mas se vós, os guardas, não me indicardes o culpado, haveréis de saber que os lucros desonestos causam sempre contrariedades.

O GUARDA

Sim! Que tratemos de encontrar o criminoso... mas se o apanharemos, ou não, isso é que pertence ao destino decidir, e não há perigo de que me vejas novamente aqui... Na verdade, deste apuro, que vem contra minha expectativa, conto livrar-me ainda; e por isso deverei aos deuses uma gratidão infinita!

Sai o guarda. CREONTE *entra no palácio*

O CORO

Numerosas são as maravilhas da natureza, mas de todas a maior é o Homem! Singrando os mares espumosos, impelido pelos ventos do sul, ele avança, e arrosta as vagas imensas que rugem ao redor! Gê, a suprema divindade, que a todas as mais supera, na sua eternidade, ele a corta com suas charruas, que, de ano em ano, vão e vêm, revolvendo e fertilizando o solo, graças à força das alimárias!

A tribo dos pássaros ligeiros, ele a captura, ele a domina; as hordas de animais selvagens, e de viventes das águas do mar, o Homem imaginoso as prende nas malhas de suas redes. E amansa, igualmente, o animal agreste, bem como o dócil cavalo, que o conduzirá, sob o jugo e os freios, que o prendem dos dois lados; bem assim o touro bravio das campinas.

E a língua, o pensamento alado, e os costumes moralizados, tudo isso ele aprendeu! E também, a evitar as intempéries e os rigores da natureza! Fecundo em seus recursos, ele realiza sempre o ideal a que aspira! Só a Morte, ele não encontrará nunca, o meio de evitar! Embora de muitas doenças, contra as quais nada se podia fazer outrora, já se descobriu remédio eficaz para a cura.

Industrioso e hábil, ele se dirige, ora para o bem... ora para o mal... Confundindo as leis da natureza, e também as leis divinas a que jurou obedecer, quando está à frente de uma cidade, muita vez se torna indigno, e pratica o mal, audaciosamente! Oh! Que nunca transponha minha soleira, nem repouse junto a meu fogo, quem não pense como eu, e proceda de modo tão infame!

Reaparece O GUARDA, *trazendo* ANTÍGONA,
que caminha com a cabeça inclinada

O CORIFEU

Oh! Que surpresa me causa o que ora vejo! Como negar, porém, se eu a reconheço! Como duvidar que seja a jovem Antígona? Infeliz filha de um desgraçado pai — de Édipo! —, que aconteceu contigo? Será que te trazem presa, por desobediência a alguma ordem real? Surpreenderam-te, talvez, na prática de alguma ação criminosa?

O GUARDA

Ei-la aqui, aquela que fez a extraordinária proeza! Nós a surpreendemos no momento em que sepultava o cadáver. Mas... onde está Creonte?

O CORIFEU

Ei-lo que volta do palácio, e vem a propósito!

Entra CREONTE

CREONTE

Que há? Por que motivo é oportuna minha volta?

O GUARDA

Príncipe, nunca devemos jurar coisa alguma; uma segunda opinião pode desmentir a primeira! Dificilmente eu consentiria em voltar aqui, tanto me aterraram tuas ameaças! Mas... — sempre é mais sensível uma alegria por que não se espera! — eis-me de volta, embora tivesse jurado o contrário, eis-me de volta, com esta jovem, que foi por nós surpreendida no momento em que concluía a inumação do cadáver. Desta vez não fui escolhido pela sorte; eu mesmo fiz a descoberta. E agora — visto que ela está em tuas mãos, ó príncipe — interroga-a como quiseres, obriga-a a confessar seu crime. Quanto a mim, devo ser declarado livre de qualquer suspeita, ou castigo.

CREONTE

Tu a conduzes, sim! Mas como, e onde a prendeste?

O GUARDA

Por suas próprias mãos estava dando sepultura ao morto; tu já o sabes.

CREONTE

E tu compreendes o alcance do que estás dizendo? Tens absoluta certeza do que dizes?

O GUARDA

    Sim! Foi ela que, apesar de tua proibição, estava dando sepultura ao morto... Não é claro o que estou dizendo?[36]

CREONTE

    Mas como foi que a viste e a surpreendeste?

O GUARDA

    Eis como tudo se passou: Logo que voltei, preocupado com as terríveis ameaças que me fizeste, nós retiramos toda a terra que cobria o morto, deixando descoberto o corpo, já em decomposição, e fomos nos postar no alto dos cômoros que há em torno, ao alcance da brisa, a fim de evitar que nos atingisse o mau cheiro. Cada um de nós excitava os companheiros à vigilância, censurando rudemente quem quer que não se mostrasse atento. E isso durou até que o disco solar alcançou o meio do céu, e o calor se tornou ardente. Nesse momento, uma ventania fortíssima ergueu um turbilhão de poeira, varrendo a região e arrancando a folhagem das árvores. Todo o céu escureceu; e nós, com os olhos cerrados, esperamos o fim desse flagelo divino. Quando ele cessou, vimos esta jovem; ela soltava gritos agudos, como um pássaro desesperado ao ver desaparecidos os filhos do ninho deserto. Assim, à vista do cadáver desenterrado, ela, gemendo, proferiu maldições tremendas contra os autores do sacrilégio. Em suas mãos traz nova porção de areia seca, e depois, erguendo um vaso cinzelado, faz, sobre a cabeça do morto, uma tríplice libação. Em vista disso, nós nos precipitamos, e juntos a agarramos, sem que ela

---

[36] A forma "Esta minha linguagem é clara!" seria mais próxima do texto grego, e os escoliastas a adotam; mas não dá tanta força à expressão, como a forma interrogativa-negativa.

demonstrasse o menor susto; interrogamo-la sobre o que acabava de fazer, e o que fizera antes; ela nada negava — o que me alegrou e me entristeceu ao mesmo tempo!... Com efeito, é motivo de alegria escapar alguém de uma desgraça; mas é causa de desgosto fazer com que nela caiam pessoas amigas. Enfim... isso tem menos importância que a minha própria salvação.

CREONTE

Ó tu, que manténs os olhos fixos no chão, confessas, ou negas, ter feito o que ele diz?

ANTÍGONA *ergue-se e fita-o de frente, com desassombro*

ANTÍGONA

Confesso o que fiz! Confesso-o claramente!

CREONTE

(Ao guarda) Podes ir para onde quiseres, livre da acusação que pesava sobre ti! *(a Antígona)* Fala, agora, por tua vez; mas fala sem demora! Sabias que, por uma proclamação, eu havia proibido o que fizeste?

ANTÍGONA

Sim, eu sabia! Por acaso poderia ignorar, se era uma coisa pública?

CREONTE

E, apesar disso, tiveste a audácia de desobedecer a essa determinação?

ANTÍGONA

Sim, porque não foi Júpiter que a promulgou; e a Justiça, a deusa que habita com as divindades subterrâneas,[37] jamais estabeleceu tal decreto entre

---

[37] Antígona invoca a Dikê ou a Justiça.

os humanos; nem eu creio que teu édito tenha força bastante para conferir a um mortal o poder de infringir as leis divinas, que nunca foram escritas, mas são irrevogáveis; não existem a partir de ontem, ou de hoje; são eternas, sim!, e ninguém sabe desde quando vigoram![38] Tais decretos, eu, que não temo o poder de homem algum, posso violar sem que por isso me venham a punir os deuses! Que vou morrer, eu bem sei; é inevitável; e morreria mesmo sem a tua proclamação. E, se morrer antes do meu tempo, isso será, para mim, uma vantagem, devo dizê-lo! Quem vive, como eu, no meio de tão lutuosas desgraças, que perde com a morte?[39] Assim, a sorte que me reservas é um mal que não se deve levar em conta; muito mais grave teria sido admitir que o filho de minha mãe jazesse sem sepultura; tudo o mais me é indiferente! Se te parece que cometi um ato de demência, talvez mais louco seja quem me acusa de loucura!

O CORIFEU

Com seu caráter indomável, esta jovem revela que descende de um pai igualmente inflexível; ela não se deixa dominar pela desgraça.

---

[38] Nesta passagem estão contidos, na opinião dos mais abalizados intérpretes, os mais belos versos que Sófocles produziu em sua longa carreira. O prolongado silêncio em que se manteve a heroína concorre para a impressão causada por esta fala, na qual afronta, destemerosa, a cólera do rei.

[39] Digna de nota é a semelhança que este passo de Sófocles apresenta com a célebre inscrição cuja interpretação exata tem sido objeto de estudo e debate entre os que possuem lição dos clássicos: "A vida, que sempre morre, que se perde em que se perca!" A supressão da primeira vírgula alteraria o sentido. A mesma ideia se encontra numa estrofe de Omar Khayyám.

CREONTE

Fica-o sabendo, pois: os espíritos mais rígidos são, precisamente, aqueles que se deixam abater! O ferro, tão duro, vem a ser, quando aquecido, o metal que mais facilmente se pode vergar e romper... Tenho visto cavalos fogosos que um simples freio subjuga... Não convém, pois, exibir um caráter altaneiro, quando se está à mercê de outrem. Esta criatura agiu temerariamente, desobedecendo às leis em vigor; e, para agravar, com uma segunda ofensa, a primeira, acaba de se gloriar do ato que praticou. Eu não seria mais um homem, e ela é que me substituiria, se esta atitude que assumiu ficasse impune. Mas, seja ela filha de minha irmã, e, portanto, mais vinculada a mim do que o próprio Júpiter do meu lar,[40] ela e sua irmã não escaparão à sorte mais funesta, porque acuso a outra de haver, igualmente, premeditado o enterramento do irmão. Chamai-a! Eu a vi, no palácio, há pouco, desvairada, fora de si! Muitas vezes o espírito que pensa em executar uma ação perversa se deixa trair por sua perturbação, antes de realizá-la! Mas detesto, também, aquele que, culpado de um crime, procura dar a este um nome glorioso!

ANTÍGONA

Visto que já me tens presa, que mais queres tu, além de minha morte?

CREONTE

Nada mais! Com isso já me darei por satisfeito.

---

[40] Designa Creonte por "Júpiter protetor do lar" todos quantos, com ele, prestavam culto no altar doméstico, isto é: toda a família. É forçoso, na tradução do grego, empregar a palavra lar para exprimir a casa e a família que nela se abriga, e não os antepassados (os deuses Lares).

ANTÍGONA

Por que demoras, pois? Em tuas palavras tudo me causa horror, e assim seja sempre! Também todos os meus atos te serão odiosos! Que maior glória posso eu pretender do que a de repousar no túmulo de meu irmão? Estes homens *(indica o coro)* confessariam que aprovam o que eu fiz, se o terror não lhes tolhesse a língua! Mas um dos privilégios da tirania consiste em dizer, e fazer, o que quiser.

CREONTE

Em Tebas só tu assim consideras as coisas.

ANTÍGONA

Eles pensam como eu; mas, para te agradar, silenciam...

CREONTE

E tu não te envergonhas de emitir essa opinião?

ANTÍGONA

Não vejo de que me envergonhe em ter prestado honras fúnebres a alguém que nasceu do mesmo ventre materno...

CREONTE

E por acaso não era teu irmão, também, o outro, que morreu?

ANTÍGONA

Sim! Era filho do mesmo pai e da mesma mãe!

CREONTE

Então por que prestas a um essa homenagem, que representa uma impiedade para com o outro?

ANTÍGONA

Asseguro-te que esse outro, que morreu, não faria tal acusação!

CREONTE

Sim! Visto que só honraste, com tua ação, aquele que se tornou criminoso.

ANTÍGONA

O que morreu também não era seu escravo, mas seu irmão!

CREONTE

No entanto devastava o país, que o outro defendia.

ANTÍGONA

Seja como for, Hades exige que a ambos se apliquem os mesmos ritos!

CREONTE

Não é justo dar, ao homem de bem, tratamento igual ao do criminoso.

ANTÍGONA

Quem nos garante que esse preceito seja consagrado na mansão dos mortos?

CREONTE

Ah! Nunca! Nunca um inimigo me será querido, mesmo após sua morte.

ANTÍGONA

Eu não nasci para partilhar de ódios, mas somente de amor![41]

CREONTE

Desce, pois, à sepultura!... Visto que queres amar, ama aos que lá encontrares! Enquanto eu vivo for, nenhuma mulher me dominará!

Entra ISMÊNIA, *entre dois escravos*

O CORO

Eis que ao vestíbulo do palácio se dirige Ismênia; seu amor pela irmã arranca-lhe abundantes lágrimas; uma nuvem, por sobre seus olhos, altera-lhe a fisionomia; e o pranto inunda a encantadora face.

---

[41] Lindo, este verso de Sófocles, muito imitado mais tarde.

CREONTE

Tu, que no meu palácio, deslizando como uma víbora, sugavas o meu sangue — e eu não sabia que mantinha duas criminosas prontas a me derrubar do trono! —, vejamos! Fala! Tu vais confessar se participaste do enterramento de Polinice, ou jurar que de nada sabias!

ISMÊNIA

Sou culpada, se ela nisso consentir; partilhei do ato, e quero partilhar da acusação.

ANTÍGONA

Mas a Justiça não o permitirá! Não quiseste ser cúmplice do que fiz, e eu própria não mais consenti que tomasses parte.

ISMÊNIA

Oh! Não te envergonhes, na infelicidade, em consentir que eu me associe ao perigo que corres.

ANTÍGONA

Quem tudo fez, Hades e os mortos bem sabem... quem só me ama por palavras, não pode ser, para mim, uma verdadeira amiga.

ISMÊNIA

Não me julgues, irmã, indigna de morrer contigo, honrando os nossos mortos!

ANTÍGONA

Não! Não me acompanhes na morte! Não queiras passar como autora do que não fizeste! Meu sacrifício, só, bastará!

ISMÊNIA

E como poderei eu viver, minha irmã, sem tua companhia?

ANTÍGONA

Pergunta-o a Creonte... Todos os teus cuidados são para ele...

ISMÊNIA

Por que me magoas assim, sem proveito algum para ti?

ANTÍGONA

Se escarneço de ti, é com dor profunda que o faço!

ISMÊNIA

E que posso eu tentar, em teu benefício?

ANTÍGONA

Salvar tua vida... Não tenho a menor inveja de ti, se o conseguires!

ISMÊNIA

Como sou infeliz! Não poderei compartilhar de tua sina!

ANTÍGONA

Tu escolheste a vida e eu, a morte.

ISMÊNIA

Mas não porque tenha esquecido o que me cumpria dizer-te!

ANTÍGONA

Há de haver quem te dê razão; mas a mim também!

ISMÊNIA

No entanto, o crime, se existe, é de nós ambas!

ANTÍGONA

Tranquiliza-te! Tu viverás! Quanto a mim, dediquei minha alma ao culto dos mortos.

CREONTE

Estas duas jovens perderam a razão, evidentemente; uma enlouqueceu agora; a outra, desde que nasceu!

ISMÊNIA

Ó rei, a mais sólida razão não resiste aos golpes da adversidade.

CREONTE

Foi o que te aconteceu, quando resolveste acompanhar os malvados na prática do mal.

ISMÊNIA

Só, sem minha irmã, como poderei eu viver?

CREONTE

Não fales mais nela; ela, é como se já não vivesse.

ISMÊNIA

Ordenarás tu que pereça a noiva de teu filho?

CREONTE

Ora... outros campos há, que ele possa cultivar![42]

ISMÊNIA

Mas não será isso o que eles juraram, um ao outro!

CREONTE

Esposas perversas, para meu filho, eu as rejeito!

ISMÊNIA

Pobre Hémon! Como teu pai te amesquinha!

CREONTE

Tu me importunas, com esse casamento!

O CORIFEU

Será crível, ó rei, que a arranques a teu próprio filho?

CREONTE

Será o Hades que romperá, por mim, esse noivado.

O CORIFEU

Parece-me, pois, que está definitivamente resolvido: ela morrerá!

CREONTE

Tal é minha decisão! *(aos servos)* Nada de demora! Levai-as para o palácio, escravos! Quero que estas mulheres sejam amarradas, e que não mais andem em liberdade! Os mais corajosos fogem quando sentem que a morte os ameaça!

Saem os escravos, conduzindo as duas jovens

---

[42] Sófocles usa aqui de uma metáfora que se traduziria literalmente: "Outras têm, também, um campo cultivável."

O CORO

Ditosos aqueles que, na vida, não provaram do fruto do mal! Quando os deuses abalam uma família, o infortúnio se atira, sem descanso, sobre os seus descendentes, tal como as ondas do mar, quando, batidas pela tempestade, revolvem até a areia escura das profundezas do abismo, e as praias gemem com o fragor das vagas que rebentam.

Vemos, há muito tempo, acumularem-se os males na família dos labdácidas, prolongando-se as desgraças das gerações extintas sobre as gerações que vêm surgindo... Um deus os persegue cruelmente; não há possibilidade de salvação.

O fraco luar de esperança que se sentia nos últimos ramos da família de Édipo, acaba de ser extinto, por uma saraivada de palavras imprudentes, de ódio e desvario; e esses ramos corta-os a foice impiedosa dos deuses infernais!

Ó Júpiter! Que orgulho humano poderá, jamais, te vencer? Nem o sono, a que se entregam todos os mortais, nem o curso incessante dos anos, nada sustém o teu poder! Isento da velhice, tu reinas, senhor supremo, sobre o cume brilhante do Olimpo! Por toda a eternidade prevalecerá esta lei: não haverá nunca, na vida humana, grandeza ou fausto a que não se misture o travo de alguma desgraça.

A frágil esperança será um bem para muitas criaturas, mas será, para outras, uma ilusão apenas, uma ilusão de seus anelos. O homem, que tudo ignora, deixa-se levar por ela, até que sinta queimar os pés nalguma brasa. Sabiamente nos diz este preceito antigo: "O mal se afigura um bem para aqueles a quem a divindade quer arrastar à perdição; pouco tempo ele viverá isento da desgraça."

HÉMON *entra pela porta central*

O CORIFEU

Eis aqui Hémon, ó rei; o mais jovem de teus filhos; vem amargurado pela sorte de Antígona, a quem em breve iria esposar? Lamenta o seu amor malogrado?

CREONTE

É o que em breve saberemos, melhor do que os adivinhos. Meu filho, sabedor da sentença irrevogável que proferi contra tua noiva, vens enfurecido contra teu pai, ou continuas a prezar-me, apesar do que fiz?

HÉMON

Pai... eu te pertenço... Teus sábios conselhos me têm guiado, e eu os seguirei. Para mim não há casamento algum que possa prevalecer sobre tua vontade.[43]

CREONTE

Eis aí a prudente regra, meu filho, que é preciso guardar no coração! Tudo nos deve provir da vontade paterna. A única razão pela qual os homens desejam que nasçam e cresçam em sua casa novos rebentos, é a certeza de que estes, mais tarde, ataquem o seu inimigo, e honrem o seu amigo, tão bem como o pai o faria. Quem quer que tenha filhos inúteis, não terá feito outra coisa senão angariar para si motivos de desgosto e para seus inimigos uma fonte de risos.

---

[43] Parece realmente estranha esta passiva obediência de Hémon, quando a comparamos à enérgica atitude que vai assumir logo depois, esperando apenas que o pai termine sua longa parlenda. São frequentes, nas tragédias de Sófocles, estas bruscas mutações no comportamento das personagens, determinando lances imprevisíveis.

Não abandones, pois, meu filho, pela sedução do prazer, ou por causa de uma mulher, os sentimentos de que estás animado; e sabe que é bem frio, muita vez, o beijo de uma mulher quando é uma esposa má que recebe o marido em casa... Haverá maior flagelo do que um falso amigo? Repele, pois, essa jovem como se ela fosse tua inimiga; manda-a ao Hades, para que lá se case com quem quiser. Visto que eu a prendi, quando, ostensivamente, transgredia uma de minhas ordens — e foi a única pessoa, em toda a cidade, a proceder assim! —, eu não quererei passar por mentiroso e fraco diante do povo, e ordenarei sua morte. Que ela implore a Júpiter, o deus da família! Se eu tolero a rebeldia daqueles que pertencem à minha estirpe, com mais forte razão transigirei com a de estranhos! Quem é rigoroso na decisão de seus casos domésticos, será também justo no governo do Estado. Quem, por orgulho e arrogância, queira violar a lei, e sobrepor-se aos que governam, nunca merecerá meus encômios. O homem que a cidade escolheu para chefe deve ser obedecido em tudo, quer seus atos pareçam justos, quer não. Quem assim obedece, estou certo, saberá tão bem executar as ordens que lhe forem dadas, como comandar, por sua vez; e será, na guerra, um aliado valoroso e fiel. Não há calamidade pior do que a rebeldia; ela é que arruína os povos, perturba as famílias e causa a derrota dos aliados em campanha. Ao contrário, o que garante os povos, quando bem governados, é a voluntária obediência. Cumpre, pois, atender à ordem geral, e não ceder por causa de uma mulher. Melhor fora, em caso tal, ser derribado do poder por um homem; ninguém diria, então, que as mulheres nos venceram!

O CORIFEU

> Se nossa mente não se enfraqueceu com a idade, parece-nos razoável tudo o que dizes.

HÉMON

> Meu pai, ao dotar os homens da razão, os deuses concederam-lhes a mais preciosa dádiva que se pode imaginar. Será, por acaso, certo tudo o que acabas de dizer? Eu não sei... e praza aos deuses que não saiba nunca. No entanto, outros há, que podem ter outras ideias. De qualquer forma, é no teu interesse que me julgo no dever de examinar o que se diz, o que se faz, e as críticas que circulam. Teu semblante inspira temor ao homem do povo, quando este se vê forçado a dizer o que não te é agradável ouvir. Quanto a mim, ao contrário, posso observar, às ocultas, como a cidade inteira deplora o sacrifício dessa jovem; e como, na opinião de todas as mulheres, ela não merece a morte por ter praticado uma ação gloriosa... Seu irmão jazia insepulto; ela não quis que ele fosse espedaçado pelos cães famintos, ou pelas aves carniceiras. "Por acaso não merece ela uma coroa de louros?" eis o que todos dizem, reservadamente. Para mim, meu pai, tua prosperidade é o bem mais precioso. Que mais belo florão podem ter os filhos do que a glória de seu pai; e que melhor alegria terá o pai do que a glória dos filhos? Mas não creias que só tuas decisões sejam acertadas e justas... Todos quantos pensam que só eles têm inteligência, e o dom da palavra, e um espírito superior, ah!, esses, quando de perto os examinamos, mostrar-se-ão inteiramente vazios! Por muito sábios que nos julguemos, não há desar em aprender ainda mais, e em não persistir em juízos errôneos... Quando as torrentes passam engrossadas pelos aguaceiros, as árvores que vergam conservam seus ramos e as que

resistem são arrancadas pelas raízes. O piloto que, em plena tempestade, teima em conservar abertas as velas, faz emborcar o navio, e lá se vai, com a quilha exposta ao ar! Cede, pois, no teu íntimo, e revoga teu édito. Se, apesar de minha idade, me é lícito emitir um parecer, direi que o homem que possuir toda a prudência possível, deve levar vantagem aos outros; mas como tal virtude nunca se encontra, manda o bom senso que aproveitemos os conselhos dos demais.

O CORIFEU

Príncipe, visto que ele propõe medidas de moderação e prudência, convém ouvi-lo; de parte a parte vós falastes muito bem!

CREONTE

Devo eu, na minha idade, receber conselhos de um jovem?

HÉMON

Ouve somente os que parecerem justos. Sou moço ainda, é evidente; mas nós devemos atender às razões, e não à idade.

CREONTE

Terei eu então de honrar a quem se mostrou rebelde?

HÉMON

Nunca proporei que se respeite a quem houver praticado o mal.

CREONTE

E por acaso não foi um crime o que ela fez?

HÉMON

Não é assim que pensa o povo de Tebas.

CREONTE

Com que então cabe à cidade impor-me as leis que devo promulgar?

HÉMON

Vê como tua linguagem parece ser a de um jovem inexperiente!

CREONTE

É em nome de outrem que estou governando neste país?

HÉMON

Ouve: não há Estado algum que pertença a um único homem!

CREONTE

Não pertence a cidade, então, a seu governante?

HÉMON

Só num país inteiramente deserto terias o direito de governar sozinho!

CREONTE

Bem se percebe que ele se tornou aliado dessa mulher!

HÉMON

Só se tu te supões mulher, porque é pensando em ti que assim falo.

CREONTE

Miserável! Por que te mostras em desacordo com teu pai?

HÉMON

Porque te vejo renegar os ditames da Justiça!

CREONTE

Por acaso eu a ofendo, sustentando minha autoridade?

HÉMON

Mas tu não a sustentas calcando aos pés os preceitos que emanam dos deuses!

CREONTE

Criatura vil, que se põe a serviço de uma mulher!

HÉMON

Tu nunca me viste, nem me verás jamais, ceder a prazeres indignos!

CREONTE

Seja como for, todas as tuas palavras são em favor dela!

HÉMON

São por ela, sim! Como são por ti, por mim e pelos deuses imortais!

CREONTE

Essa mulher, tu nunca a desposarás viva!

HÉMON

Ela morrerá, eu sei! Mas sua morte há de causar uma outra![44]

CREONTE

Tens coragem de recorrer às ameaças?

HÉMON

Que ameaças pode haver, se combatemos razões tão frívolas?

CREONTE

Tu pagarás caro tuas lições de prudência, insensato!

HÉMON

Queres só falar e nada ouvir?

CREONTE

Escravo de uma mulher, não me perturbes com tua tagarelice!

HÉMON

Se tu não fosses meu pai, eu diria que perdeste o senso!

CREONTE

Sim? Pelo Olimpo! Fica-o sabendo bem: tu não te alegrarás por me teres censurado e ultrajado assim! *(a um escravo)* Leva essa mulher odiosa, para que ela

---

[44] Hémon refere-se à sua própria morte; mas assim não entende Creonte, que vê nessa réplica uma ameaça.

morra imediatamente, em minha vista e na presença de seu noivo!

HÉMON

Não! Em minha presença, ela não morrerá! E tu nunca mais me verás diante de ti! Descarrega teus furores por sobre aqueles que a isso se sujeitarem!

Sai HÉMON

O CORIFEU

Príncipe, ele partiu possuído de angústia; na sua idade, tamanho desespero é para se temer!

CREONTE

Faça o que fizer, ainda que pratique façanhas sobre-humanas, não salvará da morte essas donzelas.

O CORIFEU

Mas... pensas em ordenar que pereçam ambas?

CREONTE

Não! Tens razão... Será poupada a que nada fez.

O CORIFEU

E como pensas em dar a morte à outra?

CREONTE

Levá-la-ei a um sítio deserto; e ali será encerrada, viva, em um túmulo subterrâneo, revestido de pedra, tendo diante de si o alimento suficiente para que a cidade não seja maculada pelo sacrilégio.[45] Lá, ela poderá invocar Plutão, o único deus que venera... e talvez ele evite que ela morra... Só assim ela se convencerá de que é inútil querer prestar culto aos mortos!

Sai CREONTE

---

[45] Quando um criminoso era condenado a morrer enterrado vivo, mandava a tradição que lhe pusessem alimento bastante para um dia, com o que se evitava um sacrilégio.

O CORO

Amor, invencível Amor, tu que subjugas os mais poderosos; tu,[46] que repousas nas faces mimosas das virgens; tu que reinas, tanto na vastidão dos mares como na humilde cabana do pastor; nem os deuses imortais, nem os homens de vida transitória podem fugir a teus golpes; e, quem for por ti ferido, perde o uso da razão!

Tu arrastas, muita vez, o justo à prática da injustiça, e o virtuoso, ao crime; tu semeias a discórdia entre as famílias... Tudo cede à sedução do olhar de uma mulher formosa, de uma noiva ansiosamente desejada; tu, Amor, te equiparas, no poder, às leis supremas do universo, porque Vênus zomba de nós!

Surge ANTÍGONA, *conduzida por dois servidores de* CREONTE; *ela tem as mãos amarradas*

O CORIFEU

Eu próprio sinto-me revoltado contra as leis, e não posso conter minhas lágrimas ao ver Antígona dirigir-se para o seu leito nupcial: o túmulo — onde hão de dormir todos os humanos!

ANTÍGONA

Cidadãos de Tebas, minha Pátria! Vede-me em caminho para o atalho fatal, contemplando, pela última vez, a luz rutilante do Sol! Plutão me arrasta, viva, às margens do Aqueronte, sem que eu haja sentido os prazeres do himeneu, cujos cantos jamais se ouvirão por mim! O Aqueronte será meu esposo!

---

[46] No original esta invocação é dirigida a Eros, o deus do Amor (Cupido para os latinos). Esta passagem de Sófocles, inúmeras vezes imitada, lembra-nos o verso camoniano: "Tu, só tu, puro amor, com força crua..."

O CORO

> Tu irás, pois, coberta de glória, a essa mansão tenebrosa dos mortos, sem que tenhas sofrido as doenças e sem que recebas a morte pela espada... Por sua própria vontade, única entre os mortais, vais descer ao Hades!

ANTÍGONA

> Ouvi contar a morte dolorosa da infeliz frígia, a filha de Tântalo,[47] sobre o monte Sípilo: uma camada de pedra a circundou, como uma hera indissolúvel; e dizem que de sua fronte petrificada, e coberta de neve, jorravam lágrimas sem fim, alagando-lhe o peito. Assim também quer o destino que eu vá, em vida, repousar num túmulo de pedra...

O CORIFEU

> Níobe era uma divindade, e descendia dos deuses... Mas nós somos humanos, e filhos de mortais. Portanto, quando não mais viveres, será uma glória para ti que recordem sempre que tiveste uma sorte igual a de seres divinos, tanto na vida como na morte!

ANTÍGONA

> Ai de mim! Zombam de minha desgraça! Pelos deuses imortais, por que não esperam eles que eu morra, e por que me insultam na presença de todos? Ó cidade tebana! Ó felizes habitantes de minha terra, ó fontes do Dirceu, ó muros sagrados de

---

[47] Antígona refere-se a Níobe, cuja lenda é contada por Homero na *Ilíada* (Canto XXIV). Níobe, esposa de Anfíon, rei de Tebas, ufanava-se por ser mãe de 14 filhos, ao passo que Latona só tivera dois, os deuses Apolo e Diana. Estes, irritados pela ofensa feita a sua mãe, mataram os 14 filhos da infeliz rainha, a flechadas, enquanto se divertiam com jogos e corridas. Louca de dor, Níobe transformou-se numa estátua de pedra, eternamente lacrimejante. Pausânias declara ter visto no Sípilo o bloco de pedra, que, de longe, dá a impressão exata de uma mulher em pranto.

Tebas, a vós, pelo menos, eu tomo por testemunhas! Vede como, sem que sejam ouvidas as lamentações de meus amigos, como, e por que iníquas leis sou levada a um covil de pedra, a um túmulo de nova espécie! Como sou infeliz! Nem sobre a terra nem na região das sombras poderei habitar, nem com os vivos nem com os mortos!

O CORIFEU

Por tua demasiada audácia, minha filha, tu ofendeste a autoridade; talvez sofras para expiar um crime de seu pai!

ANTÍGONA

Dolorosas recordações tu me trazes, renovando as angústias sem fim que tenho sofrido por meu pai, por nosso destino, pelo infortúnio minaz dos labdácidas! Oh! Funesto casamento, o de minha pobre mãe! União com o meu desgraçado pai, que lhe devia a vida! De que míseros progenitores eu nasci! E será por eles que, maldita, sem ter sido desposada, eu caminho para a sepultura! Meu irmão, que desastrado casamento tu fizeste! Tua morte é que me faz perder a vida![48]

O CORIFEU

Ação piedosa é prestar culto aos mortos; mas, quem exerce o poder, não quer consentir em ser desobedecido. Teu caráter voluntarioso causou tua perda.

ANTÍGONA

Sem que chorem por mim, sem amigos, sem cânticos de himeneu, desgraçada, sou conduzida nesta fúnebre viagem!... A luz sagrada do Sol, já não mais

---

[48] Alude Antígona ao casamento de Polinice com a filha de Adrasto, rei de Argos, que se dispôs a auxiliar o genro na guerra de Tebas, e foi infeliz.

poderei ver. Que ninguém lamente minha sorte! Que ninguém suspire por mim!

CREONTE

(Aos guardas) Sabeis vós que estas lamentações e estes gemidos antes da morte não teriam fim, se o condenado os pudesse prolongar indefinidamente? Por que não a levais já, e já? Encerrai-a, como vos ordenei, na cavidade de pedra, e deixai-a ali só, para que morra... ou fique sepultada viva em tal abrigo. Para nós nenhuma culpa haverá na morte dessa jovem; ela, porém, nunca mais poderá aparecer entre os viventes!

ANTÍGONA

Ó túmulo, ó leito nupcial, eterna prisão da subterrânea estância, para onde caminho, para juntar-me aos meus, visto que a quase todos já Perséfone recebeu entre os mortos! Seja eu a última que desço ao Hades antes do termo natural de meus dias... Lá, ao menos, tenho esperança de que minha chegada agradará a meu pai, a minha mãe, e também a ti, meu irmão querido! Quando morrestes, eu, com minhas próprias mãos, cuidei de vossos corpos, sobre eles fiz libações fúnebres; e hoje, Polinice, porque dei sepultura a teus restos mortais, eis a minha recompensa! Creio, porém, que no parecer dos homens sensatos, eu fiz bem. Com efeito, nunca, por um filho, se fosse mãe, ou pelo marido, se algum dia lamentasse a morte de um esposo, eu realizaria semelhante tarefa, contrariando a proibição pública! E por que razão assim penso? Porque eu poderia ter outro esposo, morto o primeiro, ou outros filhos, se perdesse o meu: mas, uma vez mortos meu pai e minha mãe, nunca mais teria outro irmão! Eis aí por que te prestei estas honras, e por que, na opinião de

Creonte, pratiquei um crime, um ato incrível, meu querido irmão. E agora sou arrastada, virgem ainda, para morrer, sem que houvesse sentido os prazeres do amor e os da maternidade. Abandonada por meus amigos, caminho, viva ainda, para a mansão dos mortos. Deuses imortais, a qual de vossas leis eu desobedeci? Mas... de que me serve implorar aos deuses? Que auxílio deles posso receber, se foi por minha piedade que atraí sobre mim o castigo reservado aos ímpios? Se tais coisas merecem a aprovação dos deuses, reconheço que sofro por minha culpa; mas se provém de meus inimigos, eu não lhes desejo um suplício mais cruel do que o que vou padecer!

O CORO

Sempre a mesma tempestade a lhe agitar a alma sofredora!

CREONTE

Eles hão de se arrepender de sua lentidão!

ANTÍGONA

Pobre de mim! Esta ameaça anuncia que minha morte não tarda.

CREONTE

Não te animes na suposição de que podes retardar a execução de minhas ordens.

ANTÍGONA

Ó cidade de meus pais, terra tebana! Ó deuses, autores de minha raça! Vejo-me arrastada! Chefes tebanos, vede como sofre a última filha de vossos reis, e que homens a punem, por haver praticado um ato de piedade!

ANTÍGONA desaparece levada pelos guardas, enquanto O CORO canta

O CORO

Danaé sofreu igual desdita, encerrada num recinto de bronze e privada da luz celeste! E ficou presa nessa angustiosa sepultura, sendo embora ilustre por sua origem, minha filha, e tendo sido fecundada por Júpiter, sob uma chuva de ouro! Mas o destino é inexorável: nem a tempestade, nem a guerra, nem as muralhas, nem os navios sacudidos pelas ondas podem dele fugir. Assim foi submetido a igual provação o ardoroso filho de Drias, o rei dos Edônios, o qual, por sua imprudência, foi encerrado por Dioniso numa prisão de pedra. E assim arrefeceu o fervor de sua loucura! Ele reconheceu que fora imprudência atacar o deus, com expressões insolentes, o que fizera no desejo de pôr um fim ao delírio das bacantes, mas contrariando também as musas, que apreciam o som das avenas. Vindo das rochas Ciâneas[49] entre os dois mares, encontram-se as margens do Bósforo e da inóspita Salmidés da Trácia. Foi ali que Marte viu os dois filhos de Fineu sob o golpe cruel da infame madrasta, que os cegou, arrancando-lhes os olhos, não com uma lâmina, mas com as unhas sangrentas e as pontas de suas lançadeiras.[50] Choravam aqueles infelizes a triste sorte de sua mãe, cujo casamento produzira filhos tão desgraçados; ela descendia das antigas Erectides; filha de Bóreas, criada em grutas longínquas, e cercada das tempestades sujeitas a seu pai, tornou-se ágil na corrida, e mais veloz que

---

[49] Na entrada do mar Negro.

[50] Refere-se o poeta a uma Cleópatra, mitológica, filha de Bóreas, que se casou com Fineu, rei de Salmidés. Fineu abandonou-a, para desposar outra mulher. Esta hedionda madrasta, vendo os enteados chorarem a ausência da mãe, arrancou-lhes os olhos, e deixou-os numa caverna. Sófocles tirou dessa lenda o assunto de sua tragédia *Fineu*, uma das muitas que se perderam.

os cavalos na montanha. Embora de progênie dos deuses, as Parcas imortais não a pouparam!

Entra TIRÉSIAS, *guiado por um menino*

TIRÉSIAS

Ó chefes tebanos, nós, que aqui estamos, fizemos longa jornada juntos! Um de nós vê pelo outro; bem sabeis que os cegos não podem caminhar sem um guia.

CREONTE

Que novas me trazes, velho Tirésias?

TIRÉSIAS

Vou anunciá-las... Não deixes de crer em meus oráculos.

CREONTE

Até agora tenho observado teus conselhos.

TIRÉSIAS

Graças a isso, conseguiste encaminhar esta cidade por uma rota segura.

CREONTE

E posso assegurar-te que deles muito me tenho valido.

TIRÉSIAS

Sabe, pois, que novamente se tornou crítica tua situação.

CREONTE

Que há então? Dize! Tuas palavras me assustam!

TIRÉSIAS

Vais saber já o que os signos me anunciam. Estava eu sentado no venerando sólio augural, de onde poderia ouvir todos os presságios, quando ouvi um rumor confuso de pássaros, que soltavam gritos estridentes, para mim incompreensíveis; era fácil perceber-se o debater de suas asas. Logo em seguida, tentei experimentar o fogo no altar aquecido; mas as oferendas de Vulcano não subiam com labaredas claras; a cinza caía sobre as gorduras, com odor desagradável; no ar enfumaçado, vaporizava-se o fel, enquanto os ossos ficavam umedecidos pela banha que os revestia... Eis o que me dizia este menino: os preságios não se ouviam; e os sacrifícios nenhum sinal nos davam. Meu guia é, para mim, o que eu quero ser para os outros... E esta desgraça iminente é causada por tuas resoluções... os altares da cidade, as aras consagradas aos deuses, estão cheios de pedaços da carne do infeliz filho de Édipo... Eis por que os deuses repelem nossas orações e rejeitam nossos holocaustos; não se ergue a chama sobre as vítimas; nem as aves soltam cantos de bom augúrio, visto que estão saciadas com o sangue humano... Pensa nisto, meu filho! O erro é comum entre os homens, mas quando aquele que é sensato comete uma falta, é feliz quando pode reparar o mal que praticou, e não permanece renitente. A teimosia produz a imprudência. Cede diante da majestade da morte: não profanes um cadáver! De que te servirá matar, pela segunda vez, a quem já não vive? Bem sabes que sou dedicado a teus interesses, e é por minha dedicação que te aconselho. Que pode haver de mais oportuno do que um conselho realizável?

CREONTE

Ancião, todos vós, como archeiros, dirigis contra mim vossas setas certeiras; nem dos adivinhos estou livre! Meus próprios parentes me traem, há muito tempo! Pois bem: empanturrai-vos de dinheiro, apoderai-vos de todo o ouro do Sardes e do Indo! Mas nunca dareis a esse homem as honras da sepultura!

Ainda que as águias de Júpiter quisessem levar ao trono do supremo deus os restos de seu corpo, eu, sem receio de tal profanação, não consentirei que o sepultem! No entanto, creio que nenhum homem pode profanar os deuses. Velho Tirésias, os homens mais espertos muitas vezes fracassam vergonhosamente, quando falam induzidos pela ambição do ganho!

TIRÉSIAS

Oh!... Quem saberá, talvez... Quem pode dizer...

CREONTE

Que queres tu dizer com essas palavras vagas?

TIRÉSIAS

... de quanto sobrepuja a prudência os outros bens?

CREONTE

Tanto quanto é certo que a imprudência é o maior dos males.

TIRÉSIAS

No entanto, é precisamente o mal em que incorres.

CREONTE

Não devo retrucar, como fora mister, às impertinências de um adivinho.

TIRÉSIAS

Mas é o que estás fazendo, visto que classificas minhas predições como mentiras.

CREONTE

Toda a raça dos adivinhos é cúpida!

TIRÉSIAS

E a dos tiranos adora os proveitos, por mais vergonhosos que sejam.

CREONTE

Sabes que é a um rei que diriges tais palavras?

TIRÉSIAS

Bem o sei. Graças a mim pudeste salvar o Estado.

CREONTE

És um adivinho esperto: mas tens prazer em proceder mal.

TIRÉSIAS

Tu me obrigas a dizer o que tenho em mente!

CREONTE

Pois fala! Contanto que a ganância não te inspire!

TIRÉSIAS

E é assim que supões que eu te falo sobre coisas que te dizem respeito?

CREONTE

Por nenhum preço, ouves tu?, me farás mudar de ideias!

TIRÉSIAS

Está bem! Sabe, pois, que não verás o sol surgir no horizonte muitas vezes, sem que pagues, com a morte de um de teus descendentes, o resgate de outra morte, pois acabas de pôr sob a terra uma criatura que vivia na superfície, e a quem indignamente encerraste, viva, num túmulo; por outro lado, tu reténs, longe dos deuses subterrâneos, um cadáver, privado de honras fúnebres e de sepultura! Tu não tens o direito de o fazer; nem tu, nem qualquer divindade celeste! É uma inaudita violência, a que praticaste! Eis por que as deusas vingadoras, que punem os criminosos, as Fúrias, e os próprios deuses te espreitam, e vais sofrer os mesmos males que estás causando! Verifica se é por dinheiro que te faço estes prenúncios... Mais algum tempo, e angustiosos lamentos de homens e mulheres se ouvirão neste palácio! Contra ti já se erguem as cidades irritadas, cujos altares estão poluídos pelas exalações dos cadáveres que não receberam sepultura[51] a não ser

---

[51] Tirésias anuncia a segunda guerra de Tebas, denominada "guerra dos Epígonos".

das aves e dos cães. São estas as setas, que, na minha indignação, venho lançar contra ti.[52] Tu não evitarás que elas te alcancem! Menino, leva-me de novo para minha casa, ele descarregará sua raiva à custa de outros mais jovens, até que aprenda a dominar sua cólera e a adquirir melhores sentimentos.

Sai TIRÉSIAS. *Momento de silêncio*

CORIFEU

O ancião lá se foi, ó príncipe, depois de te haver predito coisas tremendas! Ora, desde que existem na minha cabeça estes cabelos, que de negros se tornaram alvos, não sei de aviso por ele feito que não haja sido em absoluto verdadeiro.

CREONTE

Eu sei... e por isso mesmo estou preocupado... Ceder é duro; mas resistir, e provocar a desgraça certa, não o é menos!

O CORIFEU

Age com cautela, Creonte, filho de Meneceu!

CREONTE

Que devo fazer? Dize, que eu executarei!

O CORIFEU

Corre! Liberta a moça de sua prisão subterrânea e erige um túmulo ao morto.

CREONTE

É o que me aconselhas? Queres, então, que eu ceda?

O CORIFEU

E vai tu mesmo... Não confies a outros esse encargo!

---

[52] Evidente a ironia de Tirésias, usando da mesma expressão que Creonte havia empregado anteriormente.

CREONTE

    Irei, pois, imediatamente! Vinde todos vós, ó servos!, com vossos machados! Correi para aquela colina, que daqui se avista! Eu próprio, visto que mudei de resolução, eu próprio, que ordenei a prisão de Antígona, irei libertá-la! Agora, sim, eu creio que é bem melhor passar a vida obedecendo às leis que regem o mundo!

Sai CREONTE

O CORO

    Tu, a quem adoramos sob diversos nomes, orgulho da filha de Cadmo, rebento de Júpiter Tonante, protetor da Itália gloriosa e da região onde Ceres Eleusiana atrai tão numerosa afluência de peregrinos, ó Baco[53] que resides em Tebas, pátria das Bacantes, nas margens do Ismênio, e nos campos por onde foram espalhados os dentes do hediondo dragão.

    …Por sobre a montanha de dois cumes, onde brilha, em tua honra, uma fulgurante chama, e vão ter as ninfas do Parnaso, tuas bacantes; e pela colina banhada pelas águas de Castália, e revestida de hera, e de verdejantes vinhedos, no meio de cânticos divinos, vens rever os lugares públicos de Tebas!

    Tebas, a cidade a que mais prezas, tu e tua mãe, vitimada pelo raio… Visto que, hoje, a cidade e o povo se acham sob a ameaça de males terríveis, vem, ó Baco, purificá-la… Atravessa o Parnaso, ou a grota do rumoroso Eurípio.

---

[53] Conforme a mitologia, Baco era filho de Júpiter e Semelê, princesa tebana, filha de Cadmo.

Protetor dos astros luminosos, mestre dos rumores noturnos, filho dileto de Zeus, vem, ó rei, e traze tuas bacantes, tuas companheiras que, em delirante alegria, celebram sem cessar, com seus cantos e danças, aquele a quem consagraram sua vida, Íaco!

Entra um MENSAGEIRO

O MENSAGEIRO

Ó vós, que habitais perto de Cadmo e do templo de Anfion, não há vida humana que nós devamos invejar, ou deplorar, enquanto dure... A sorte eleva, ou abate, continuamente, os homens infelizes, e os ditosos; ninguém pode prever que destino está reservado aos mortais. Até pouco tempo Creonte me parecia digno de inveja; tinha conseguido libertar a terra cadmeia de seus inimigos, assumiu o poder absoluto no Estado, dirigia o povo, sentia-se reflorir numa bela prole! No entanto, tudo está destruído! Quando os homens perdem a razão de ser de sua alegria, eu suponho que não vivem: são apenas cadáveres animados... Acumula em tua casa, se queres, riquezas sem conta; vive com o fausto de um rei; se não possuis a alegria, tudo isso não vale a sombra de uma fumaça, comparado a uma verdadeira felicidade.

O CORIFEU

Que novas calamidades de nossos reis tu vens comunicar?

O MENSAGEIRO

Eles estão mortos: e os vivos foram os causadores disso!

O CORIFEU

Mas... quem os matou? Quem foi a vítima? Fala!

O MENSAGEIRO

> Hémon morreu! A mão de um amigo derramou-lhe o sangue.

O CORIFEU

> A de seu pai, talvez? A dele próprio?

O MENSAGEIRO

> Ele feriu-se, a si mesmo, furioso com seu pai, por causa da morte de Antígona.

O CORIFEU

> Ó adivinho! Como se realizou o que anunciaste!

O MENSAGEIRO

> E se assim é, cumpre aguardar o que vai ainda acontecer!

Vê-se EURÍDICE, *que entra pela porta central*

O CORO

> Eis que se aproxima de nós a infeliz Eurídice, esposa de Creonte. Ela vem do palácio... Teria já sabido da morte do filho, ou é por acaso que aqui vem ter?

EURÍDICE

> Ó Tebanos, ouvi o que dissestes quando ia levar minha saudação à deusa Palas. Apenas transpunha a porta, quando o rumor dessa desgraça chegou a meus ouvidos... Caí desacordada entre minhas escravas... e senti-me gelar de frio. Que dizíeis vós? Oh! Contai-me tudo. Tenho tido já muita experiência da desgraça para vos ouvir!

O MENSAGEIRO

> Senhora, eu vos falarei como testemunha ocular! Nada omitirei da verdade. De que serviria iludir-te com afirmações que logo se desmentiriam? A verdade é sempre o melhor caminho que temos a seguir. Eu acompanhava teu esposo, guiando-o, até o

sítio mais alto do campo, onde jaz, espedaçado pelos cães, o corpo de Polinice. Depois de haver dirigido preces à deusa das estradas,[54] e a Plutão, para que moderasse sua cólera, e nos fosse propício, lavamos esses despojos mortais com água lustral, cobrimo-los com verdes ramos de oliveira e procedemos à incineração; depois, com a terra doméstica formamos uma tumba elevada... Em seguida, dirigimo-nos para a caverna de pedra da jovem, a câmara nupcial da morte. Ouviu-se, então, um grito lancinante, ao longe; e gemidos angustiosos... eles provinham desse túmulo privado de honras fúnebres. Alguém correu a informar disso ao rei, a Creonte; ele aproximou-se, e ouviu, como nós, aqueles sons comoventes. Por sua vez ele solta este brado de desespero: "Oh! Como sou desgraçado! Será verdade o que ouço? Estarei eu fazendo aqui o trajeto mais doloroso de minha vida? É de meu filho, é a voz terna de meu filho que estou ouvindo! Ide, servos! Correi ligeiros! Retirai a pedra que fecha a entrada do túmulo, entrai, e vede se é, ou não, Hémon que lá se encontra; ou se os deuses zombam de mim!" Nós obedecemos a essas ordens do aflito rei, e observamos. No fundo do túmulo, suspensa por uma corda, vimos Antígona; ela se tinha enforcado com os cadarços de sua cintura. Hémon, quase desfalecido, procurava suster o corpo, e chorava a morte daquela que seria todo o seu amor; lamentava a ruína de sua esperança e a crueldade de seu pai. Creonte, ao vê-lo, solta um grito rouco, e entra, também, no jazigo... Corre para o filho e exclama, possuído de dor: "Que fizeste, infeliz? Que

---

[54] Hecateia, a deusa que protegia as estradas, e os túmulos que nelas houvesse, era esposa de Plutão.

queres mais, aqui? Perdeste a razão? Sai, meu filho! Eu te suplico! Eu te conjuro!" Mas o filho, fitando-o com olhar desvairado, cospe-lhe no rosto, e, sem dizer palavra, arranca da espada de duplo fio... Seu pai recua, e põe-se a salvo; ele não o atingiu! Então, o desgraçado volta contra si mesmo sua raiva, e, com os braços estendidos, firma o gume da espada no próprio peito, crava-a com furor; e, respirando em arrancos de agonia, abraça-se ao corpo da donzela, para logo em seguida exalar o último alento, com o sangue, que, impetuoso, alcança as faces pálidas da jovem. Morto, enfim, foi estendido ao lado de sua noiva morta; e é no Hades que o infeliz casal terá tido as suas bodas... Triste exemplo para os humanos, à vista dos males que a impiedade pode causar, mesmo aos reis!

EURÍDICE *entra no palácio. Momento de silêncio*

O CORIFEU

Que devemos pensar? A rainha voltou a *seus* aposentos sem proferir uma só palavra... favorável ou funesta!

O MENSAGEIRO

Também eu estou surpreendido... Suponho que, tendo ouvido a notícia da morte do filho, ela não julgue decoroso lamentar-se diante de toda a cidade; e, no interior de seu lar, cercada de suas servas, é que ela vai chorar o golpe que sofreu. Ela tem se mostrado bastante ajuizada para não cometer uma inconveniência.

O CORIFEU

Não sei... um silêncio profundo me parece tão perigoso como grandes lamentações inúteis...

O MENSAGEIRO

Saberemos, já, entrando no palácio, se ela oculta algum desígnio em seu coração angustiado. Tu tens razão: um silêncio profundo tem qualquer coisa de ameaçador.

O CORO

Eis que volta o rei, em pessoa... em seus braços ele traz a prova evidente, se assim posso dizer, de que esta desgraça não lhe veio de outros, mas, sim, de sua própria culpa.

Entra CREONTE, com HÉMON nos braços

CREONTE

Erros de minha insensatez! Obstinação fatal! Vede... na mesma família, vítimas e assassinos! Ó sorte desgraçada! Meu pobre filho! Jovem, sucumbiste por uma morte tão triste... perdeste a vida não por tua culpa, mas pela minha!

O CORIFEU

Oh! Agora é tarde! Parece-me que, o que estás vendo, é a justiça dos deuses.

CREONTE

Ai de mim — agora sei que sou um desgraçado! Sobre mim paira um deus vingador que me feriu! Ele me arrasta por uma via de sofrimentos cruéis... Ele destruiu toda a alegria de minha vida! Ó esforços inúteis dos homens!

Entra um MENSAGEIRO que vem do palácio

O MENSAGEIRO

Senhor! Que desgraças caem sobre ti! De uma tens a prova em teus braços... as outras estão no teu palácio... creio que tu deves ver!

CREONTE

    Que mais me poderá acontecer? Poderá haver desgraça maior do que a fatalidade que me persegue?

O MENSAGEIRO

    Tua esposa acaba de morrer... a mãe que tanto amava este infeliz jovem... Ela feriu-se voluntariamente, para deixar a vida.

CREONTE

    Hades, que a todos nós esperas, Hades que não perdoas, nem te comoves... dize: por que, por que me esmagas por essa forma? Mensageiro das desgraças, que novas desgraças me vens anunciar? Ai de mim! Eu já estava morto, e tu me deste mais um golpe ainda... Que dizeis, amigos? Quem é essa criatura, essa mulher... que vejo caída ao lado do outro morto?

Abre-se a porta: aparece o corpo de EURÍDICE

O CORIFEU

    Tu podes vê-la, agora. Ei-la aí.

CREONTE

    Sim... eu vejo... este outro objeto de minha dor... Que destino me pode esperar ainda? No momento em que tenho nos braços meu filho morto, apresentam-me ante os olhos este corpo... Ó mãe infeliz! Ó meu filho!

O MENSAGEIRO

    Ela se feriu, com agudo punhal, junto ao altar dos Lares, e cerrou os olhos depois de haver lamentado a perda de seu filho Megareu, e a de Hémon, e depois de ter pedido que todas as desgraças recaiam sobre ti, que foste o assassino de seu filho!

CREONTE

O horror me põe fora de mim... Por que não me feriram já, com uma espada bem cortante? Vejo-me desgraçado, e de todos os lados novas desgraças caem sobre mim!

O MENSAGEIRO

Ela, ao morrer, acusou-te, ó rei, de teres sido culpado da morte de seus dois filhos![55]

CREONTE

Mas como se feriu ela?

O MENSAGEIRO

Fez um profundo golpe no fígado, ao saber da morte de Hémon.

CREONTE

Ai de mim! De tanta infelicidade, eu bem sei que sou o autor, nem poderiam elas nunca ser atribuídas a outro. Fui eu, eu somente, eu; este miserável, que os matei... Servos levai-me depressa... levai-me para longe... eu não vivo mais!... Eu estou esmagado!

O CORO

O que tu pedes seria um bem, se pudesse haver algum bem para quem assim tanto sofre... Mas... dos males que tenhamos de suportar, os mais curtos são os melhores.

CREONTE

Que venha!... Que venha! Que apareça já a mais bela... a última das mortes que eu causei... a que me há de levar... no meu derradeiro dia... que

---

[55] Segundo a lenda citada nas *Fenteias*, de Eurípedes, Tirésias teria dito a Creonte que só reinaria, vitorioso, em Tebas, se sacrificasse seu filho Megareu. Creonte não queria tal sacrifício; mas, por sua própria vontade, ou por acidente, o jovem morreu nas fortalezas da cidade. Como se vê, Eurídice considerou o marido culpado também por esta morte.

ela venha! Que venha já! Eu não quero... eu não quero ver clarear outro dia.

O CORO

Oh! Mas isto já é o futuro!... Pensemos no presente, ó rei! Que cuidem do futuro os que no futuro viverem.

CREONTE

Tudo o que eu quero está resumido nesta súplica!... Ouvi!

O CORO

Não formules desejos... Não é lícito aos mortais evitar as desgraças que o destino lhes reserva!

Sobre o autor

Sófocles (496-406 a.C.) foi um dos mais importantes dramaturgos gregos. Presenciou a expansão do império ateniense, seu apogeu no governo de Péricles e sua decadência com a Guerra do Peloponeso. Participou ativamente da vida política de sua pátria. Foi eleito *stratego*, comandante das forças armadas em expedições militares, e atuou como tesoureiro de Atenas, ajudando a controlar as finanças da cidade durante a ascensão política de Péricles. Serviu ainda como general na campanha ateniense contra Samos, ilha grega que se revoltou em 440 a.C. Por 24 vezes foi vencedor dos concursos dramáticos, derrotando o próprio Ésquilo, outro grande dramaturgo. Sófocles escreveu aproximadamente 123 peças teatrais, mas apenas sete sobreviveram de forma completa (*Ájax, Antígona, As traquínias, Rei Édipo, Electra, Filoctetes* e *Édipo em Colono*).

Conheça os títulos da
Coleção Clássicos para Todos

A Abadia de Northanger – Jane Austen

A arte da guerra – Sun Tzu

A revolução dos bichos – George Orwell

Alexandre e César – Plutarco

Antologia poética – Fernando Pessoa

Apologia de Sócrates – Platão

Auto da Compadecida – Ariano Suassuna

Como manter a calma – Sêneca

Do contrato social – Jean-Jacques Rousseau

Dom Casmurro – Machado de Assis

Feliz Ano Novo – Rubem Fonseca

Frankenstein ou o Prometeu moderno – Mary Shelley

Hamlet – William Shakespeare

Manifesto do Partido Comunista – Karl Marx e Friedrich Engels

Memórias de um sargento de milícias – Manuel Antônio de Almeida

Notas do subsolo & O grande inquisidor – Fiódor Dostoiévski

O albatroz azul – João Ubaldo Ribeiro

O anticristo – Friedrich Nietzsche

O Bem-Amado – Dias Gomes

O livro de cinco anéis – Miyamoto Musashi

O pagador de promessas – Dias Gomes

O Pequeno Príncipe – Antoine de Saint-Exupéry

O príncipe – Nicolau Maquiavel

Poemas escolhidos – Ferreira Gullar

Rei Édipo & Antígona – Sófocles

Romeu e Julieta – William Shakespeare

Sonetos – Camões

Triste fim de Policarpo Quaresma – Lima Barreto

Um teto todo seu – Virginia Woolf

Vestido de noiva – Nelson Rodrigues

Direção editorial
Daniele Cajueiro

Editora responsável
Ana Carla Sousa

Produção editorial
Adriana Torres
Laiane Flores
Júlia Ribeiro
Allex Machado

Revisão
Daniel Borges
Eduardo Carneiro
Emanoelle Veloso

Capa
Sérgio Campante

Diagramação
Alfredo Rodrigues

Este livro foi impresso em 2022
para a Nova Fronteira.